DESIGN
EMOCIONAL

ÁKpxd

Linha da versal
Linha de topo
Ascendentes
Altura x
Linha de base
Descendentes
Linha de fundo

 Os livros dedicados à área de Design têm projetos que reproduzem o visual de movimentos históricos. Neste módulo, as aberturas de partes e capítulos com estudos de proporção e diagramas de construção fazem menção aos estudos tipográficos clássicos, que pautam até hoje a construção de tipos e páginas de livros.

DESIGN EMOCIONAL

Joseanne de Lima Sales

Rua Clara Vendramin, 58 . Mossunguê . CEP 81200-170 . Curitiba . PR . Brasil
Fone: (41) 2106-4170 . www.intersaberes.com . editora@intersaberes.com

Conselho editorial
Dr. Ivo José Both (presidente)
Dr.ª Elena Godoy
Dr. Neri dos Santos
Dr. Ulf Gregor Baranow

Editora-chefe
Lindsay Azambuja

Gerente editorial
Ariadne Nunes Wenger

Assistente editorial
Daniela Viroli Pereira Pinto

Preparação de originais
Caroline Rabelo Gomes

Edição de texto
Letra & Língua Ltda. - ME

Capa
Iná Trigo (design)
Baranovska Oksana/Shutterstock (imagens)

Projeto gráfico
Bruno Palma e Silva

Diagramação
Rafael Ramos Zanellato

Equipe de design
Iná Trigo

Iconografia
Regina Clauda Cruz Prestes

Dados Internacionais de Catalogação na Publicação (CIP)
(Câmara Brasileira do Livro, SP, Brasil)

Sales, Joseanne de Lima
  Design emocional/Joseanne de Lima Sales. Curitiba: InterSaberes, 2021.

  Bibliografia.
  ISBN 978-65-5517-887-6

  1. Desenho (Projetos) – Aspectos psicológicos 2. Design 3. Emoções e cognição I. Título.

20-50447   CDD-155.911

Índices para catálogo sistemático:
1. Design emocional: Psicologia   155.911
Cibele Maria Dias – Bibliotecária – CRB-8/9427

1ª edição, 2021.
Foi feito o depósito legal.
Informamos que é de inteira responsabilidade da autora a emissão de conceitos.
Nenhuma parte desta publicação poderá ser reproduzida por qualquer meio ou forma sem a prévia autorização da Editora InterSaberes.
A violação dos direitos autorais é crime estabelecido na Lei n. 9.610/1998 e punido pelo art. 184 do Código Penal.

SUMÁRIO

Apresentação **8**

1 **A construção do design emocional** **14**
   1.1 Design: do racional ao emocional **15**
   1.2 Emoção **18**
   1.3 Os quatro prazeres **27**
   1.4 Níveis de processamento emocional **31**
   1.5 Design e emoções **36**

2 **Design emocional e seus elementos constituintes** **48**
   2.1 Fisiologia da emoção e do design **49**
   2.2 Aspectos psicológicos e o design **54**
   2.3 Emoção, sociedade e design **58**
   2.4 Elementos culturais e design emocional **64**
   2.5 Fisiologia, psicologia, cultura, sociedade e design emocional **72**

3 **Estudos e teorias sobre design emocional** 78

   3.1 O design emocional para Patrick W. Jordan **79**

   3.2 Como Pieter Desmet trouxe o design e a emoção para a avaliação de produtos **84**

   3.3 Donald Norman e os produtos que fazem parte de nosso dia a dia **88**

   3.4 *User experience* e design de produtos e serviços **92**

   3.5 Outras abordagens em design emocional **100**

4 **Técnicas para entender a relação entre design, produto e usuário** 110

   4.1 Técnicas para entender a emoção do consumidor relacionada a produtos existentes **111**

   4.2 Técnicas para explorar ideias e gerar alternativas **117**

   4.3 Técnicas para especificar o design **124**

   4.4 Técnicas para avaliar o design **127**

   4.5 Técnicas para implementar no mercado **136**

5 **O design de produto e a relação com a idade afetiva** 144

   5.1 Projetar para crianças: contexto de uso e compra **145**

   5.2 Público jovem **152**

   5.3 Público adulto jovem **157**

   5.4 Público adulto maduro **164**

   5.5 Público idoso **170**

6 Design e sua relação com o emocional 178

6.1 Emoção no design de produtos **179**

6.2 Emoção no design gráfico e editorial **185**

6.3 Emoção no design de *games* e na animação **192**

6.4 Emoção no design de moda **199**

6.5 Emoção no design de interiores **205**

Considerações finais **210**
Referências **214**
Sobre a autora **248**

APRESENTAÇÃO

Nesta obra, refletiremos sobre a prática do design emocional em suas diversas abordagens, bem como a respeito de sua relação com o ser humano e pontos interligados na criação, na concepção, no desenvolvimento e no uso dos diversos produtos que fazem parte das atividades vivenciadas no cotidiano.

A obra é dividida em seis capítulos e seu processo de estruturação aprofunda-se na parte histórica, caminha pelos conceitos e pensamentos de autores sobre os assuntos tratados e chega à aplicação nas diversas áreas do design.

Desde o processo histórico, no qual a ciência psicológica volta-se à evolução do ser humano, seus estados emocionais e o universo social e cultural em que está inserido, pesquisas foram realizadas e ainda estão presentes no meio científico, para que se consiga compreender o lado emocional do cérebro e as reações transmitidas através de diferentes emoções. O design surge como ponto importante na realização de projetos que se preocupam em gerar emoções no usuário desde a idealização e o desejo de aquisição até o uso e a avaliação posterior.

Muitas teorias e modelos descritos por autores da área são discutidos neste livro com o objetivo de que você, leitor, conheça a relação entre design, emoção, produto e usuário. Esses modelos de estudo e de aplicação desenvolvidos guiaram os caminhos para a implantação de metodologias que ajudaram a unir a teoria à prática, auxiliando profissionais na realização de seus projetos e, posteriormente, as empresas que produzem e colocam os produtos no mercado, objetivando atender às necessidades dos indivíduos.

As emoções envolvem sentimentos, e um deles é a satisfação, a qual o usuário manifesta ao adquirir e consumir determinado produto. O design emocional, utilizando modelos cognitivos, estuda essa relação de afeto existente no contato de produtos com consumidores. Nesse sentido, abordamos, nesta obra, a relação emocional de diversos tipos de indivíduos, de distintas faixas etárias, mostrando que as emoções se manifestam de diferentes formas. Além disso, enfatizamos que a cultura, a crença e a sociedade devem ser alvo de estudo pelos designers, para que eles consigam conhecer o público para o qual projetam, os sentimentos de tal público ao adquirir um produto, bem como o acompanhamento constante da tecnologia e suas evoluções, que estão sempre presentes.

Analisamos o conteúdo sob as perspectivas das diferentes áreas do design: de produtos, de interiores, de moda, gráfico e de *games*, de modo a investigar o lado emocional que cada área, em separado, pode provocar, bem como as diversas emoções que podem ser transmitidas.

Leitores, alunos, docentes e interessados, façam deste material um guia sobre o design emocional, pois ele apresenta um conjunto de informações que pode servir de instrumento em suas pesquisas e em seus estudos na atividade do design.

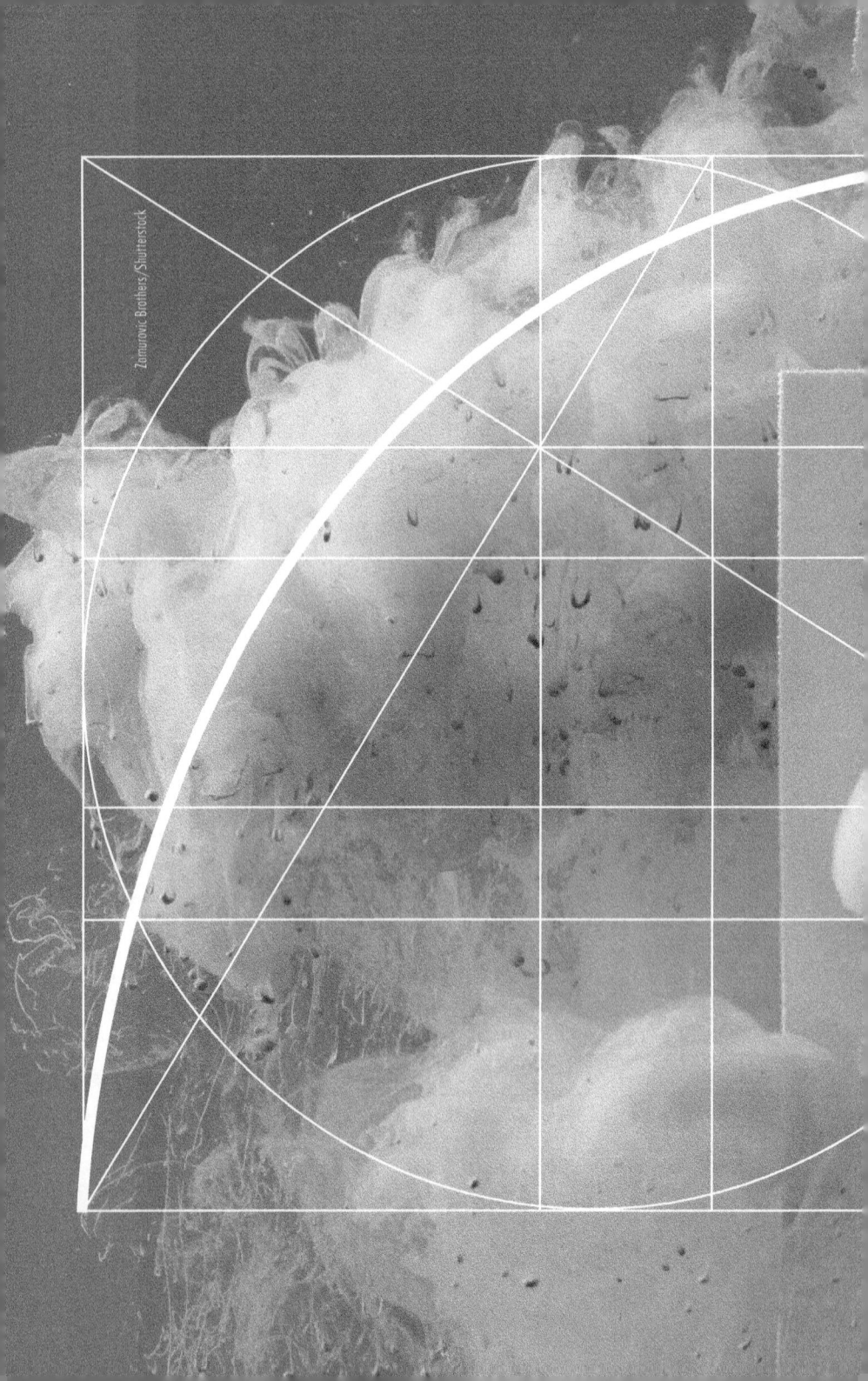

CAPÍTULO 1

A CONSTRUÇÃO DO DESIGN EMÓCIONAL

Neste capítulo, analisaremos como a emoção está relacionada à racionalidade e como ela pode ser considerada um fator estratégico para a construção de elementos. Desse modo, discutiremos, a seguir, o conceito de emoção e os estados afetivos.

1.1 Design: do racional ao emocional

Os seres humanos estão em constante busca pelo prazer, e, por meio dele, a experiência humana é construída, pois as pessoas, desde seu nascimento, obtêm gratificação por atividades como admirar o mar ou sentir o cheiro das rosas (Green; Jordan, 1999).

Norman (2004) define que as primeiras práticas de design industrial mantinham seu interesse nos custos, na facilidade, na simplificação da forma, na regularização, na funcionalidade objetiva, na escolha do material e na maneira como o produto era comercializado. Esse eixo voltado às características racionais contribuiu para o desenvolvimento de uma cultura de projeto de design centrada no objeto.

É possível afirmar que o design fundamentou-se na era industrial, com a produção em série, marco da Revolução Industrial, em que cada pessoa era responsável por uma fase do processo de produção de determinado produto, razão pela qual, muitas vezes, desconhecia o que estava produzindo. O que se via nessa época era a expansão dos lucros em razão da maior produtividade, prevalecendo apenas as características racionais em detrimento da emoção, fase que ficou conhecida como *design industrial*.

Diante disso, o design industrial estava relacionado a preceitos técnico-científicos, e seus projetos tinham preferência por produtos funcionais, úteis e necessários aos seres humanos. Niemeyer (2008) aponta que esse preceito foi adotado durante parte do século XX e que assumia a especificidade da linguagem formal própria à tecnologia industrial, tomando essa tecnologia até mesmo como manifesto ideológico.

Os produtos só se tornaram agradáveis e funcionais no período após a Segunda Guerra Mundial, quando foi consolidada a ergonomia, isto é, o estudo da relação entre o homem e a máquina, considerando a segurança e a eficiência do modo como ambos interagem. Assim, os produtos passaram a transmitir uma mensagem adequada.

Segundo Niemeyer (2007, p. 18),

> Quando ele [o produto] entra em circulação, além de portar essas expressões, passa a ser um elemento de comunicação – não só portando informações objetivas, mas passando a ser suporte também de mensagens do usuário para si próprio e para os outros. [...] Assim, o produto, além das funções prática, estética e de uso, tem a função significativa.

Diante desse novo cenário na fabricação de produtos, foi possível adequá-los aos consumidores, e a ergonomia promoveu esse avanço, trazendo maior adequação e estreitamento de relação entre as pessoas e os produtos. De acordo com Löbach (2001, p. 48),

> Sendo possível a identificação do usuário com o produto industrial, o designer deve possibilitar e facilitar esta identificação por meio de uma configuração adequada. As

características a serem incluídas no produto devem ser escolhidas a partir do estudo do comportamento do usuário e da percepção humana.

Foi assim que o comportamento das pessoas começou a ser estudado, objetivando que os projetos pudessem ser centrados na vontade dos usuários. Desse modo, a interação entre o usuário e o produto começou a ser prazerosa, provocando reações positivas por parte dos usuários, e as emoções passaram a ganhar mais relevância. Nesse contexto, Rogers, Sharp e Preece (2005, p. 161) afirmam:

> Designers tem se interessado em como projetar produtos interativos que provoquem tipos específicos de respostas emocionais nos usuários, motivando-os a aprender, jogar, ser criativos e sociáveis. Há também uma crescente preocupação em como projetar websites em que as pessoas possam confiar e que as façam sentir-se confortáveis no que diz respeito a divulgar informações pessoais ou a fazer compras.

Até meados dos anos 1980, a sociedade estava repleta de pessoas que pensavam apenas em si mesmas, no entanto, a partir de 1990, essas pessoas começaram a interagir, criando grupos, o que proporcionou troca de experiências e construção de novos relacionamentos, momentos, histórias vividas e emoções sentidas. Todos esses sentimentos ganharam maior proporção e passaram a ser valorizados pelas pessoas. Essa nova ideia deixou para traz a lógica do período da Revolução Industrial, na qual os designs eram realizados de maneira racional, relegando os componentes emocionais que envolvem o usuário e o produto.

Atualmente, acredita-se que não basta algo ser apenas formalmente agradável, funcional ou promover boa interação, é importante que o produto passe a mensagem de maneira adequada, transmitindo a seus consumidores suas pretensões. Nesse sentido, os sentimentos e as emoções começaram a andar de mãos dadas com a razão.

1.2 Emoção

O ser humano é movido por diversos tipos de emoções (felicidade, raiva, medo tristeza etc.), e são elas as responsáveis por nossas ações. É por meio da emoção que a sociedade é impulsionada a mover-se constantemente, pois, a partir dela, ocorre uma ação, e o corpo se prepara para responder aos estímulos que recebe do ambiente. Esse estímulo é caracterizado pelas diferentes mudanças que acontecem no organismo e nas estruturas mentais.

Figura 1.1 – **Emoções**

Para que haja a conexão do indivíduo com o ambiente, ele se utiliza das partes sensoriais do corpo, ou seja, olho, pele, boca, ouvido, nariz; e, por meio dessa conexão, forma respostas internas e externas. As **respostas internas** dizem respeito às memórias que o ser humano é capaz de criar a partir das imagens, dos cheiros e dos sons. Já as **respostas externas** relacionam-se aos comportamentos que a pessoa passa a adquirir a partir dessa conexão do indivíduo com o ambiente.

Segundo Damásio (2012), para que o ser humano desempenhe uma ação, seja ela consciente, seja inconsciente, primeiramente é necessário que os estímulos liberados por uma situação sejam filtrados e, depois, que as características – individuais, como som ou paladar, ou conjuntas – desse estímulo sejam processadas. Esse processo aparenta ser simples, mas, na realidade, demanda auxílio de uma série de sistemas biológicos inatos.

É a partir do recebimento desses estímulos que os diversos circuitos neurais são ativados para, assim, ocorrer a agregação de informação. Damásio (2012) discorre que há uma busca na memória pelas imagens mentais, tanto verbais quanto não verbais, de modo a conectar as informações recebidas e as armazenadas, ou seja, ocorre uma avaliação cognitiva que tem como base as experiências vividas por um indivíduo ao longo da vida, que são únicas.

Após essa análise cognitiva, as redes do córtex pré-frontal são ativadas involuntariamente, e é nesse momento que se inicia a avaliação espontânea das experiências emocionais do ser humano – as quais são obtidas no transcorrer da vida – e das relações sociais. Como esse fato relaciona-se às experiências do indivíduo, suas respostas tendem a ser diversificadas, pois cada pessoa tem sua particularidade.

As respostas emitidas pelas estruturas pré-frontais automática e instintivamente são assimiladas pela amígdala e pelo cíngulo anterior, resultando no estado do corpo correspondente à situação desencadeada. Inicialmente, o sistema nervoso é ativado e se comunica com o corpo pelos nervos periféricos, que emitem sinais às vísceras, as quais, por sua vez, são modificadas de acordo com a situação provocada. Em seguida, o sistema motor é ativado para que os músculos faciais e corporais possam reagir de acordo com o que se sente.

> Vejo a essência da emoção como a coleção de mudanças no estado do corpo que são induzidas numa infinidade de órgãos por meio das terminações das células nervosas sob o controle de um sistema cerebral dedicado, o qual responde ao conteúdo dos pensamentos relativos a uma determinada entidade ou acontecimento. (Damásio, 2012, p. 135)

Esse processo de sentir tem um papel importante no processamento das emoções, permitindo que a pessoa tenha sabedoria na hora da tomada de decisões. Goleman (2011) defende que quem acredita que as emoções não influenciam o pensamento está enganado, pois as emoções caminham (quase sempre) juntas e sobrepõem-se à racionalidade e aos planos individuais para o futuro. Nesse sentido, *inteligência emocional* é a capacidade de atuar de maneira eficiente em situações que exigem equilíbrio.

As emoções e a racionalidade em conjunto são, assim, fundamentais para a tomada de decisões, uma vez que a mente racional e a mente emocional atuam de modo equilibrado. A emoção passa a informação à razão para que, desse modo, ocorra a tomada de decisão. Nesse ponto, portanto, rompemos a ideia de que a razão vem da mente, e a emoção, do coração. Na realidade, ambos os sentimentos advêm da mente e precisam caminhar juntos para que o indivíduo possa tomar a melhor decisão.

Figura 1.2 – **Razão e emoção**

É importante ressaltar que os seres humanos têm estados psicológicos positivos e negativos que influenciam o comportamento e causam alteração significativa no modo de agir e de tomar decisões. É possível dizer que pessoas com estado psicológico positivo são propensas à realização de atividades que as deixem mais felizes, ao passo que pessoas com estado psicológico negativo tendem a realizar atividades que contribuam para sua infelicidade. Segundo Norman (2004, p. 26),

> Com o aspecto positivo, você está mais condicionado a ver a floresta do que as árvores, ver mais o quadro geral e não se concentrar nos detalhes. De outro lado,

> quando você se sente triste ou ansioso, sentimentos negativos, você está mais aberto a ver as árvores do que a floresta, os detalhes do que o quadro geral. (Norman, 2004, p. 26, tradução nossa)

Goleman (2011) aponta que as emoções negativas distorcem a atenção e conduzem a preocupações que giram em torno do próprio problema, interferindo na tentativa de achar soluções. As emoções negativas também podem causar sentimento de culpa, com a pessoa tentando esconder seu erro ou se culpando por estupidez ou falta de jeito. Se a pessoa ativar um alto nível de emoções negativas, pode sofrer transtornos de ansiedade, reduzindo sua atenção e concentração ao realizar uma tarefa.

Já sentimentos como o riso e a euforia ajudam as pessoas a pensar de maneira mais clara e fazer associações de modo mais livre, percebendo opções que lhes teriam escapado se tivessem com outros tipos de sentimentos.

Desse modo, a forma de se comportar de um indivíduo tem relação direta com seu estado emocional; as decisões que ele toma estão de acordo com como ele se sente. Nesse contexto, Damásio (1996, p. 277) aconselha:

> Conhecer a relevância das emoções nos processos de raciocínio não significa que a razão seja menos importante do que as emoções, que deva ser relegada para segundo plano ou deva ser menos cultivada. Pelo contrário, ao verificarmos a função alargada das emoções, é possível realçar seus efeitos positivos e reduzir seu potencial negativo.

Assim, é importante a emoção à razão, pois é por meio delas que as pessoas tomam suas decisões.

1.2.1 Emoção como estratégia

Ribeiro (2009) define a *emoção* como perturbação moral, ato de deslocar, mobilizar, agitar sentimentos, balanço afetivo ou moral, confusão, comoção. Segundo ele, na visão da psicologia, *emoção* é uma reação orgânica de impetuosidade e duração variáveis, geralmente acompanhada de alterações respiratórias e circulatórias, que, de modo geral, vem acompanhada de grande excitação da mente.

Emoção, de acordo com o *Dicionário eletrônico Houaiss da língua portuguesa*, é

> substantivo feminino
>
> 1 ato de deslocar, movimentar
>
> 2 agitação de sentimentos; abalo afetivo ou moral; turbação, comoção
>
> 2.1 Rubrica: psicologia
>
> reação orgânica de intensidade e duração variáveis, geralmente acompanhada de alterações respiratórias, circulatórias etc. e de grande excitação mental
>
> Etimologia
>
> fr. émotion 'perturbação moral'. (Houaiss; Villar, 2009)

Norman (2004), por sua vez, explica que a *emoção* corresponde à experiência consciente do afeto, constituída pela atribuição de sua causa e identificação de seu objetivo. Além disso, é um mecanismo humano que demonstra quando fatos, eventos e experiências são favoráveis ou desfavoráveis aos interesses do indivíduo.

A *emoção* ainda pode ser vista, conforme Damásio (1996), como um conjunto de mudanças no estado do corpo, mudanças estas que são induzidas em abundância nos órgãos através das terminações nervosas das células, sob o controle de um sistema cerebral, que responde ao conteúdo dos pensamentos relativos a determinada entidade ou acontecimento.

Damásio (1996) complementa que sentimentos e emoções formam um elo, no qual se estabelece uma comunicação entre a natureza e as circunstâncias, de modo a agirem como guias de uma resposta corpórea, uma vez que nosso organismo se envolve com os sentimentos e responde a estímulos, como felicidade, tristeza e ódio, independentemente de nossa vontade. Assim, a resposta projetada pode ser assimilada pelo organismo de maneira positiva ou negativa.

> o amor, o ódio e a angústia, as qualidades de bondade e crueldade, a solução planificada de um problema científico ou a criação de um novo artefato, todos eles têm por base os acontecimentos neurais que ocorrem dentro de um cérebro, desde que esse cérebro tenha estado e esteja nesse momento interagindo com o seu corpo. A alma respira por meio do corpo, e o sofrimento, quer comece no corpo ou numa imagem mental, acontece na carne. (Damásio, 1996, p. 18)

Sobre o trabalho de Willian James, famoso médico e grande estudioso das mudanças físicas que ocorrem em uma pessoa quando sujeita a diferentes emoções, Damásio (1996, p. 159) afirma:

> Em suma, James postulou a existência de um mecanismo básico em que determinados estímulos no meio ambiente excitam, por meio de um mecanismo inflexível e congênito, um padrão específico de reações do corpo. Não havia necessidade de avaliar a importância dos estímulos para que a ação tivesse lugar. Na sua própria afirmação lapidar: "Cada objeto que excita um instinto excita também uma emoção".

Portanto, quando somos estimulados de diferentes formas, nossos instintos independem de nossa vontade, sendo ela racional ou não. Assim, a emoção é a combinação de um processo avaliativo mental, simples ou complexo, com respostas dispositivas a esse processo, dirigidas, em sua maioria, ao corpo propriamente dito, resultando em um estado emocional do corpo, ou dirigidas ao próprio cérebro, resultando em alterações mentais adicionais (Damásio, 1996).

Damásio (1996) divide as emoções em primárias e secundárias: a **categoria primária** refere-se ao que sentimos quando somos criança e apresentamos caráter cognitivo, natural e sinestésico – por exemplo, a fuga de uma situação de perigo –; a **categoria secundária** é vivenciada após a primeira fase, sendo manifestada quando chegamos à fase adulta – por exemplo, um beijo apaixonado. Nas palavras do autor:

> as emoções que experienciamos na infância, para as quais um "mecanismo pré-organizado" de tipo jamesiano seria suficiente, e as emoções que experienciamos em adulto, cujos andaimes foram gradualmente construídos sobre as fundações daquelas emoções "iniciais". Proponho chamar às emoções "iniciais" primárias e às emoções "adultas" secundárias. (Damásio, 1996, p. 160)

As emoções secundárias têm íntima ligação com a vida particular de cada pessoa, pois são criadas com a vivência do indivíduo, com sua formação cultural e social.

Nesse contexto, Ribeiro (2009) aponta que é possível explorar esses conceitos na prática de um projeto de design, realizando buscas por referenciais emocionais que possam ser computados na construção de um objeto, imputando-lhe características que possam despertar algum tipo de emoção.

Como vimos, Damásio (1996) define que sentimentos e emoções constituem um elo comunicativo entre a natureza e as circunstâncias, servindo como guias para uma resposta corpórea. Por isso, é importante entendermos também a concepção do autor com relação aos sentimentos.

Segundo ele, o *sentimento* é um processo de acompanhamento contínuo das experiências, o qual forma no organismo uma paisagem corporal capaz de ser interpretada pelo nosso sistema neural. Assim como as emoções, os sentimentos também são divididos em primários e secundários.

Os sentimentos secundários são mais elaborados que os primários e são, como postula Damásio (1996), sintonizados pela experiência em gradações mais sutis do estado emocional do corpo. Assim, a experiência é a ligação entre um conteúdo cognitivo intricado e uma variação de um perfil pré-organizado do estado do corpo, que nos permite sentir gradações de remorso, vergonha, vingança etc.

Então, para que um sentimento possa ser formado na mente humana, ele deve antes ser registrado por uma emoção, que o identifica e torna-se consciente na mente do indivíduo. Assim, de acordo com Damásio (1996), identificamos o tipo de emoção que sentimos e qual é o sentimento que ela nos desperta, já que o impacto humano de todas essas causas de emoções, refinadas e não refinadas, e de todas as diferenças entre emoções sutis e não sutis que elas induzem depende dos sentimentos que são construídos por essas emoções.

Dessa forma, segundo Ribeiro (2009), as emoções e os sentimentos são considerados um ponto de partida para que o design possa repensar a relação que existe entre o usuário e o objeto, de modo a buscar formas e alternativas de entender essa relação e usá-la como material em sua produção.

1.3 **Os quatro prazeres**

Como mencionado anteriormente, as pessoas estão sempre em busca do prazer, e o prazer vem da emoção. Por isso, a emoção é uma importante estratégia para a realização da vontade e das necessidades do ser humano.

Conforme Norman (2004, p. 35, tradução nossa), "nós gostamos de coisas atrativas por causa do modo como elas nos fazem sentir". O ser humano encontra-se em uma busca constante por produtos que causam essa sensação agradável. De acordo com Jordan (1999), todos os dias as pessoas buscam o prazer em seu ambiente natural, por meio da beleza das flores, da sensação do sol na pele, do frescor do vento. Nessa busca, tentamos criar atividades e passatempos que expandam nossas capacidades físicas e mentais ou que expressem nossa criatividade

É nesse momento que entra o design, utilizando-se da emoção, captando a sensibilidade das pessoas, articulando as necessidades, desenvolvendo algo que traga o prazer, transportando essas informações para e pelo objeto, a fim de que, assim, possa ter sucesso com os indivíduos.

Segundo Tonetto e Costa (2011), o prazer com produtos pode ser entendido como o resultado dos benefícios emocionais, hedônicos e práticos associados ao produto. De maneira hierárquica, as necessidades dos usuários podem ser traçadas em razão da funcionalidade, da usabilidade e, por fim, do prazer, a necessidade máxima relacionada a um produto.

Nessa perspectiva, Jordan (1999) retratou quatro tipos de prazeres: (1) fisiológico, que encontra relação com o corpo e com os sentidos; (2) social, que é conectado às relações sociais e interpessoais; (3) psicológico, que se refere à mente; e (4) ideológico, que corresponde aos valores das pessoas. É importante destacar que o autor não acredita que todos os produtos devem conter os quatro tipos de prazeres, seu objetivo é fornecer aos designers uma ferramenta de projeto.

Assim, sob essa perspectiva do prazer como emoção, o estudo dos tipos de prazeres de Jordan (1999) nos leva a uma ferramenta que pode auxiliar a estruturar o projeto de determinado produto. Nesse sentido, passamos a uma análise mais aprofundada de como são formados os quatro tipos de prazeres.

1.3.1 **Prazer fisiológico**

Esse tipo de prazer relaciona-se com o corpo e os sentidos, sendo também conhecido como *prazer físico*. O tato, o olfato, a audição, a visão e a gustação, assim como o prazer sensual, são fontes de prazer fisiológico (Tonetto; Costa, 2011).

O prazer fisiológico costuma ter maior destaque no processo de criação, com estudos de equilíbrio do peso, antropométricos e de demarcação do produto. Jordan (1999) aponta como exemplo um telefone com botões pequenos: tal traço pode ser inconveniente para pessoas com unhas grandes, por isso, se esse modelo tiver boa parte do público-alvo feminino, essa característica deve ser evitada.

1.3.2 Prazer social

Refere-se ao prazer derivado das relações com outras pessoas, abrangendo, nessa categoria, o reconhecimento social ou o *status*. As relações nesse tipo de prazer devem ser entendidas em seu sentido amplo, incluindo-se todo tipo de interação humana (Tonetto; Costa, 2011). Além das relações com outras pessoas, esse prazer retrata a relação do ser humano com os produtos, pois estes podem contribuir para a interação social de maneiras diferentes, podendo associar-se a pessoas ou grupos e também servir como elemento de discussão.

Jordan (1999) traz como exemplo uma conversa com um amigo, passar tempo com as pessoas amadas ou fazer parte de uma multidão em um evento público. Outro exemplo mais palpável são os bonés de times de futebol, os quais torcedores utilizam até mesmo fora dos estádios, em seu dia a dia, identificando-se como torcedores de determinado time.

1.3.3 Prazer psicológico

Diz respeito aos prazeres da mente, incluindo os que advêm da execução ou da finalização de tarefas, assim como aqueles relacionados a estados particulares, como excitação ou relaxamento (Tonetto; Costa, 2011). Esse prazer tem relação com as reações emocionais e cognitivas, observando-se o estado psicológico do ser humano durante a interação com o produto.

Jordan (1999) exemplifica que um processador de texto que facilite a formatação pode causar níveis mais altos de prazer psicológico que outro que permita a presença de muitos erros sem os apontar ou corrigir automaticamente.

No prazer psicológico, considera-se a usabilidade, pois as pessoas se preocupam em manusear produtos fáceis que não causem decepção, estresse ou frustração, além de não costumarem ler o manual de funcionamento que o acompanha.

Nesse tipo de prazer, a personalidade do indivíduo é o fator de influência preponderante. Jordan (1999) aponta que pessoas mais práticas e "pés no chão" podem preferir, por exemplo, formas de design mais racionais. No entanto, pessoas mais extravagantes ou imaginativas podem apreciar um componente emocional mais forte no design.

1.3.4 Prazer ideológico

Engloba aspectos mais teóricos, como livros, música e arte, sendo proveniente da combinação dos valores da pessoa com os valores do produto. Inclui uma dimensão estética, assim como valores morais (Tonetto; Costa, 2011).

Esse prazer apresenta relação com o design reflexivo. Segundo Norman (2004, p. 24, tradução nossa), "está relacionado à mensagem, à cultura, ao significado de um produto ou a seu uso. Para um, é sobre o significado das coisas, as lembranças pessoais que alguma coisa evoca. Para outro, é a própria imagem e a mensagem que um produto transmite aos outros".

Jordan (1999) esclarece que um produto fabricado com materiais biodegradáveis pode ser, por exemplo, uma fonte de prazer ideológico para seus consumidores, mesmo que o motivo varie muito entre diferentes grupos de usuários e culturas. De acordo com Green (1999, p. 7, tradução nossa),

> A satisfação final de possuir e usar um produto só pode vir de uma forma coerente de união entre os aspectos funcionais e emocionais: quando o prazer se manifesta na estética do produto e é reforçado pelo conhecimento de que ele é fácil de usar, funciona bem, e ainda vai durar muito tempo. Isso é identificado como a busca de satisfação emocional e alegria de uso. [...] Design é mais emoção. O racional, mais intuitivo. Não há conflito!

Portanto, esse prazer tem conexão com os valores pessoais, os gostos, a estética e as preferências que os produtos representam.

1.4 Níveis de processamento emocional

Norman (2004) descreve o processamento das emoções no cérebro definindo três níveis, também chamados de *camadas*: (1) visceral, (2) comportamental e (3) reflexivo. Cada um desses níveis desempenha um papel diferente no funcionamento global do indivíduo e é responsável por refletir a evolução biológica do cérebro nos organismos. Desse modo, é necessário estudar esses níveis separadamente.

O **nível visceral** corresponde aos circuitos mais básicos, em que os seres humanos recebem sinais da natureza e os interpretam de maneira automática. Ele é o início do processo emocional, de modo que é o responsável por julgar o que é bom ou ruim, seguro ou perigoso. Esse nível recebe os sinais sensoriais, interpreta-os e envia os sinais corretos para o sistema motor, bem como alerta as outras partes do cérebro, por isso está mais ligado ao subconsciente do ser humano. A ação desse nível pode ser ampliada ou inibida pelos sinais que vêm dos níveis comportamentais e reflexivos (Norman, 2004).

Segundo Norman (2004, p. 37, tradução nossa), "O nível visceral é pré-consciente, antes do pensamento. Esse é o lugar no qual a aparência e as primeiras impressões são formatadas. Design visceral é sobre o impacto inicial do produto, sobre sua aparência, sobre seu toque e suas sensações".

Lima e Kosminsky (2010) afirmam que o nível visceral relaciona-se à primeira etapa de consumo, ou seja, à busca. Portanto, essa etapa antecede a compra e ocorre quando o indivíduo se depara com um produto que desperta seu desejo, aguçando seus sentidos.

Tonetto e Costa (2011) explicam que o design visceral lida com o que é natural, por exemplo, as pessoas são programadas para gostar do odor de flores e frutas, pois elas representam o alimento e, portanto, as respostas a esses estímulos são automáticas e positivas. Nesse nível, não existe afeto propriamente dito, o que ocorre pode ser chamado de *pro-afeto*, no qual o sentimento é restrito ao momento atual, pois a relação temporal desse nível restringe-se ao presente, às condições percebidas naquele instante.

Quando um produto simples e conhecido é colocado na frente do indivíduo, ele é bem recebido, uma vez que a pessoa tem pré-constituição do que é o produto. No entanto, quando um produto mais sofisticado é apresentado, o cérebro humano fica mais reflexivo. Para exemplificar, podemos pensar em comida: quando já faz parte do dia a dia e é apresentada em algum restaurante, o cérebro já a recebe bem; mas se a pessoa for a um restaurante e o cardápio oferecer somente comidas que ela nunca viu ou provou, o cérebro fica mais reflexivo. Muitas pessoas não são adeptas do novo e, para aceitá-lo, é necessária boa apresentação.

Então, quando consideramos algo "jeitosinho", nosso julgamento advém do nível visceral. No entanto, a expressão *jeitosinha* não é aceita pelo design, porque essa característica é considerada sem importância.

Norman (2004) assegura que estudar o design visceral é muito simples, visto que basta colocar as pessoas em frente ao produto e aguardar suas reações de aproximação ou rejeição a ele. Assim, trabalhar com o design visceral é compreender as respostas emocionais automáticas, no qual a forma, as sensações e as texturas são importantes.

O **nível comportamental** é ligado ao uso em si. Esse nível não considera a aparência e a racionalidade; nele, o que importa é a *performance*. Os profissionais que voltam-se à usabilidade atentam-se a esse nível, pois o bom design comportamental deve considerar a função, a facilidade de compreensão, a usabilidade e a forma como o produto é fisicamente sentido (Tonetto; Costa, 2011).

Dessa forma, o nível comportamental relaciona-se à segunda etapa de consumo, isto é, à compra, já que é nessa etapa que o consumidor entra em contrato com o produto, analisando-o e experimentando-o para vir a adquiri-lo ou não.

"O nível comportamental é sobre o uso, sobre a experiência com o produto" (Norman, 2004, p. 37, tradução nossa). Norman (2004) ainda aponta que fazer o produto funcionar é uma função óbvia, mas que as necessidades das pessoas não são tão evidentes como parecem ser. Ele usa como exemplo um carro: É fácil compreender que as áreas para guardar itens devem ser grandes, mas quanto tempo foi necessário para que isso acontecesse? Desde quando as pessoas têm espaço para guardar seus óculos? A inovação, principalmente quando se trata de algo que ainda não existe, é um empecilho no design comportamental, a exemplo do espaço para apoiar café no carro.

O nível comportamental tem enfoque na usabilidade, na efetividade do uso do produto, bem como no prazer. O que ajuda no desenvolvimento não são somente questionários ou entrevistas com grupos, mas uma observação diária do cotidiano das pessoas. Assim, é possível trazer inovações que causem impactos positivos no cotidiano do ser humano.

O **nível reflexivo** é mais amplo, cobrindo a mensagem, a cultura e os significados. Nesse nível, são trabalhadas essencialmente a autoimagem e a memória. Esse é o motivo de a tarefa de projetar ter como base a compreensão dos usuários sobre todos os elementos relacionados ao produto (Tonetto; Costa, 2001).

Dois autores importantes, Cacioppo e Gardner (1999), destacam que, desde os gregos, racionalistas assumem a ideia de que a emoção pode atrapalhar as formas evoluídas de cognição humana, como a tomada de decisão e a resolução de problemas. Por outro lado, esses autores afirmam que a tradição cognitiva de pesquisa em psicologia vem apontando que as formas mais elevadas de existência e cognição humanas são facilitadas pela emoção, que simplifica e gratifica o processamento cognitivo, tornando a vida, em meio a grande quantidade de informações, algo viável.

O nível reflexivo é, portanto, a última etapa de consumo, a pós-compra, quando o consumidor comprova se o produto realmente satisfaz suas necessidades.

Norman (2004) pontua algumas questões que podem parecer confusas sobre os níveis visceral e reflexivo relacionadas especificamente ao design:

- A atratividade é visceral, mas a beleza percebida é reflexiva, pois se trata de um conceito que vem da experiência e da reflexão. Música descompassada e arte popularmente descrita no senso comum como "feia" podem ser extremamente gratificantes em termos emocionais para alguns tipos de usuários.
- A propaganda atua tanto no nível visceral quanto no reflexivo. Desse modo, produtos considerados atrativos atuam no nível visceral; já o prestígio, a raridade e a exclusividade atuam no nível reflexivo.

Norman (2004, p. 38, tradução nossa) ainda salienta:

> Existe outra diferença entre os níveis: o tempo. O visceral e o comportamental são sobre o agora, seus sentimentos e experiências enquanto você está vendo ou usando o produto. Mas o nível reflexivo se expande por muito mais – nos pensamentos reflexivos você se lembra do passado e contempla o futuro. O design reflexivo, assim, é sobre relações de longo prazo, sobre sentimentos de satisfação proporcionados pelo possuir, exibir e usar um produto.

De maneira sucinta, o nível visceral corresponde ao design para a aparência; o nível comportamental, ao design para a facilidade de uso; e o nível reflexivo, ao design para a reflexão, a autoimagem, a satisfação e as lembranças. Portanto, para realizar um bom design, é necessária uma análise conjunta de todos os níveis; e no nível visceral, é analisado o que o design faz o ser humano sentir, como o ajuda e o que fala sobre ele.

1.5 Design e emoções

O design apresenta diferentes definições, e uma delas é a do International Council of Societies of Industrial Design (Conselho Internacional de Sociedades de Design Industrial – ICSID). Vejamos:

> Design é uma atividade criativa cujo propósito é estabelecer as qualidades multifacetadas de objetos, processos, serviços e seus sistemas de ciclos de vida. Assim, design é o fator central da humanização inovadora das tecnologias e o fator crucial das trocas econômicas e culturais. [...]

O design procura identificar e avaliar relações estruturais, organizacionais, funcionais, expressivas e econômicas, visando:

- ampliar a sustentabilidade global e a proteção ambiental (ética global);
- oferecer benefícios e liberdade para a comunidade humana como um todo, usuários finais individuais e coletivos, protagonistas da indústria e comércio (ética social);
- apoiar a diversidade cultural, apesar da globalização [...] (ética cultural);
- dar aos produtos, serviços e sistemas formas que expressem (semiologia) e sejam coerentes com (estética) sua própria complexidade. (ICSID, citado por Moreira, 2014, p. 93-94)

O design incorpora a arte, a técnica e a emoção, e é por meio dele que ocorre a relação com as pessoas. E quando se trata da interação entre o usuário e o produto, são envolvidas as mais variadas emoções, sejam elas positivas, sejam negativas.

Quando emoção e design unem-se, há crescimento de experiências de extremo prazer entre o ser humano e os produtos que o rodeiam. Norman (2006) aponta que o sistema humano tem uma ligação direta com o corpo, que, por consequência, faz o indivíduo agir de acordo com o que sente em qualquer circunstância. Quando alguém se depara com algo que não é de seu agrado, o corpo reage de modo desconfortável, diferentemente da reação ao se deparar com algo que considera bom, em que o indivíduo reage de maneira mais relaxada.

Norman (2006) também retrata que, por meio de uma visão psicológica, o ser humano é capaz de aumentar o processo de raciocínio, ampliando as expectativas sobre determinado produto ao se sentir feliz e confortável. Constatamos, então, a importância da estética do design dos produtos, assim como da respectiva usabilidade, que ocasiona uma experiência mais prazerosa do usuário em relação ao produto.

Ribeiro (2009) retrata que a utilização das emoções e do sentimento no design é responsável por ocasionar lembranças contidas na memória dos usuários. Os objetos considerados emocionais despertam experiências ou experimentações do usuário por meio de sua utilização, sua forma ou mesmo sua simbologia.

Ferrara (citada por Santos, 2017, p. 94) aponta que o design vai além de desenhar ou projetar o produto, pois sua significação encontra-se sob o foco das vivências e experimentações sociais e culturais: "Relacionam-se ver, saber fazer e fazer e dessa correlação emerge aquele Desenho Industrial onde o que se desenha não é apenas um objeto, mas uma informação que interfere no cotidiano, no modo de vida, nas relações socioculturais".

Nesse sentido, é possível delimitar que o design vai muito além de um simples projeto, sendo trabalhado em conjunto com interpretações particulares e individuais. Essas interpretações são importantes porque cada pessoa é única, com emoções e sentimentos próprios. Assim, existem projetos criados para que sejam emocionalmente atrativos, no entanto, cada pessoa será atingida de modo diferente.

O design emocional utiliza experimentação para criar os produtos e, assim, garantir sua interação com o usuário, contudo, esse fato é acentuado de maneira ainda mais significativa quando uma pessoa se relaciona com outra por meio de um objeto. Desse modo, é possível visualizar a formação das relações sociais por intermédio dos objetos ou, ainda, pela interação da própria pessoa com o objeto.

Então, a funcionalidade do objeto é apenas um dos fatores importantes na hora da projeção do design emocional, porém, o que chama mais a atenção do consumidor é o significado desse objeto.

Todavia, Niemeyer (2008) destaca que, mesmo a emoção correspondendo a um fator essencial na formação do objeto, existe dificuldade por parte do design em compreender e perceber as reações emocionais dos consumidores, pois, no processo de desenvolvimento, é difícil saber como será a repercussão do produto. O que podemos reconhecer é que as emoções são expressas não em decorrência do objeto em si, mas sim da captação de seu significado.

Desmet (2002) propôs um modelo que tem como base a teoria cognitiva das emoções, denominado *appraisal theory*, ou "teoria da avaliação". Sobre esse modelo, Tonetto e Costa (2011, p. 137) esclarecem:

> Um *appraisal* é uma avaliação da relação de significação de um estímulo; sua relevância para o bem-estar de uma pessoa [...]. Estímulos avaliados como contribuidores para o bem-estar de um usuário tendem a despertar emoções prazerosas, enquanto que aqueles considerados ameaçadores ou prejudiciais podem despertar emoções desprazerosas.
>
> [...]
>
> Em termos projetuais, o designer poderia iniciar elencando que emoção deseja como resultado de seu projeto. Através de uma investigação direta com usuários, deveria compreender os motivos/avaliações (*appraisals*) que despertam tal emoção para, então, projetar considerando os elementos comumente associados ao *appraisal* pretendido. (Tonetto; Costa, 2011, p. 137)

Diante desse contexto, um relevante componente de análise sobre a experiência do usuário com produtos foi desenvolvido por Desmet e Hekkert (2007). Para haver melhor percepção de respostas emocionais aos produtos de consumo, eles estabeleceram um modelo básico de emoções. Esse modelo fundamenta-se em quatro parâmetros principais: (1) avaliação, (2) preocupação, (3) produto e (4) emoção, conforme representado na Figura 1.3, os quais formam o modelo básico de emoção com os produtos.

Figura 1.3 – **Modelo básico de emoção com os produtos**

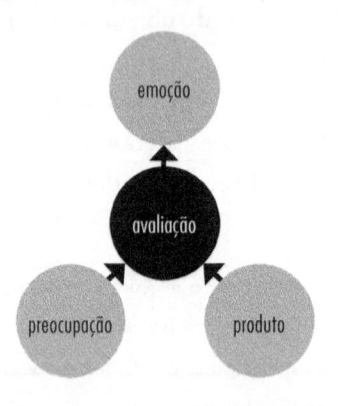

Fonte: Desmet; Hekkert, 2007, p. 62, tradução nossa.

Esse modelo, também conhecido como *potencial de coping*, de acordo com Tonetto e Costa (2011), trata da extensão em que a pessoa consegue lidar com determinada situação, com o que é real ou esperado de ruim em relação a essa situação. Ainda, refere-se às habilidades reais ou percebidas das pessoas em solucionar problemas.

Segundo Desmet e Hekkert (2007), os parâmetros de avaliação, preocupação e produto, bem como sua interação, determinam se um produto provoca emoção. Caso provoque, deve ser elencado qual tipo de emoção e observar o parâmetro da preocupação, que representa a compreensão das respostas emocionais sobre o produto de consumo, devendo levar-se em consideração as preocupações dos consumidores com relação ao contexto em que esse produto é ou será utilizado, realizando sua avaliação. Os autores também mencionam que a avaliação é o significado de um estímulo de bem-estar pessoal. No caso dos produtos, essa avaliação pode ter três resultados: (1) benéfico, (2) prejudicial ou (3) não relevante. Esses resultados podem ocasionar emoções agradáveis ou desagradáveis ou, até mesmo, ausência de emoção.

Por meio da avaliação, os indivíduos diferenciam-se em suas reações emocionais com relação a determinado produto. Assim, é possível observar, por meio do modelo elaborado, que as emoções correspondem ao resultado da avaliação dos consumidores.

Desmet e Hekkert (2007) ainda afirmam que a experiência com produtos reproduzem tipos distintos de reações, como as fisiológicas, que representam as ações enviadas do sistema nervoso; as expressivas, que representam o rosto, a voz e a postura do usuário e estão ligadas às experiências afetivas; e as comportamentais, que representam as experiências capazes de manifestar afastamento ou proximidade com o objeto.

Niemeyer (2008), nesse escopo, reconhece que o design deve identificar as formas pelas quais ocorre a representação significativa, fazendo com que o produto seja portador de significados e, assim, participe de um processo de comunicação do destinatário consigo mesmo, com os outros e com o próprio produto.

Desse modo, para que o design possa intervir no consumo, é necessário que se faça as seguintes perguntas:

1. Quais os fatores emocionais relevantes numa situação de relação com o produto?

2. Como pode um produto atender às expectativas emocionais do destinatário?

3. Como o produto pode ajustar o seu comportamento ao do destinatário com base na informação do destinatário?

Essas perguntas podem ser traduzidas, para um melhor entendimento dos usuários:

1. O que esse produto pode representar para mim?

2. O que esse produto me oferece?

3. Por que eu devo adquiri-lo?

E consequentemente, as respostas prováveis:

1. "O produto é a minha cara"

2. "O produto foi pensado para mim"

3. "É isso que eu quero, e é disso que preciso!". (Carvalho, 2013, p. 19)

No entanto, Niemeyer (2008), em contraponto, explica que essa abordagem traz desvantagens, pois é complexo discutir sobre as respostas emocionais dos usuários, uma vez que, em geral, as pessoas têm dificuldades de se expressar, de dizer o que sentem e o porquê sentem. Assim, o papel do design é desenvolver produtos que reinsiram valores humanos e de sensibilidade no mundo material; designs capazes de tornar os produtos menos impessoais e estritamente funcionais, deixando-os mais relacionais, agradáveis e confiáveis.

Nesse contexto, é possível destacar que o design deve ser sensível às emoções, pois quanto mais sensitivo ao que as pessoas desejam for, mais haverá possibilidade de desenvolver produtos que interajam com o ser humano de modo a conquistá-lo. Além do componente desenvolvido pelo modelo básico de Desmet e Hekkert (2007), existem outros seis componentes: (1) consistência do motivo; (2) prazer intrínseco; (3) confirmação das expectativas; (4) agência; (5) conformidade com padrões e (6) certeza. Segundo Tonetto e Costa (2011, p. 137-138):

Consistência do Motivo

Refere-se à avaliação da consistência ou eficácia de um produto em responder ao que a pessoa quer, seus motivos para a aquisição. Essa questão não se refere apenas ao caráter instrumental, ou seja, se o produto cumpre com suas funções (ex.: telefone celular que realiza ligações), mas também a questões não instrumentais, como autoexpressão ("essa roupa é a minha cara") ou expressão social ("as pessoas me admiram por eu morar aqui").

Prazer Intrínseco

Está relacionado à extensão em que um produto é prazeroso em termos sensoriais. Uma cama confortável pode ser um exemplo, bem como um som ambiente prazeroso em um ambiente de varejo.

Confirmação das Expectativas

Essa avaliação refere-se à confirmação ou à violação da expectativa da pessoa em relação a uma lista infinita de possibilidades, que vai desde a presença de elementos inesperados em um produto (por exemplo, que o tornam difícil de manusear) até a consequências de uma ação desempenhada pelo usuário (por exemplo, "esse carro é duro, e eu tenho dificuldade para estacioná-lo"). Um exemplo geral pode ser o baixo retorno em termos de qualidade do produto, quando se pensa no preço pago por ele.

Agência

"Quem ou o que é responsável por isso?" Essa é a questão que representa o agente (causa) de algo, positivo ou negativo. A agência pode ser o produto, o usuário ou a situação, mas vale salientar que essa resposta é dada pelo usuário. Por exemplo, um carro pode ser difícil de operar, e causar avaliações do tipo "o problema é o motorista". Por mais que os designers entendam que o problema seria de usabilidade e, portanto, de projeto, a mudança da agência em uma avaliação pode mudar a emoção correspondente. Por exemplo, reconhecendo a si mesmo como a falha, a emoção do usuário poderia ser frustração, enquanto mudaria para raiva caso fosse reconhecida como um problema do produto.

Conformidade com Padrões

Refere-se à avaliação do produto em comparação com seus equivalentes no mercado. O resultado pode ser a violação, confirmação ou superação dos padrões. A avaliação do usuário em relação a um notebook pode ser, por exemplo, que sua bateria dura pouco, em comparação a outros modelos disponíveis de outras marcas.

Certeza

Em que extensão o produto deixa as pessoas seguras em relação a ele, inclusive em relação aos seus efeitos no futuro? Medo e esperança são respostas usuais à incerteza, enquanto que felicidade e tristeza relacionam-se à certeza (segurança de algo positivo x segurança de que algo negativo ocorrerá). Uma pessoa pode ter medo, portanto, de uma moto que falhou no passado, construindo uma emoção negativa associada a sua marca.

Assim, com base na *appraisal* é que podemos formar uma melhor descrição e compreensão das avaliações das pessoas interessadas nos produtos.

Hunter Bliss Images/Shutterstock

CAPÍTULO 2

DESIGN EMOCIONAL E SEUS ELEMENTOS CONSTITUINTES

Neste capítulo, evidenciaremos a importância da relação entre o design emocional e a ciência psicológica, temas abordados desde meados da história, ligando a evolução do ser humano a seus estados emocionais, ao universo em que está inserido e às funções que exerce nos campos sociais e culturais, elementos que compõem as atividades desenvolvidas pelo design.

2.1 Fisiologia da emoção e do design

Desde os primórdios, as ciências cognitivas investigam as reações do cérebro humano e seu lado emocional. Com isso, a psicofisiologia, que estuda as emoções em suas diversas fases e experiências, percebeu que, no cérebro, as emoções modificam-se ou tornam-se permanentes quando repetidas.

Essa parte do cérebro, chamada de *emocional*, controla a parte fisiológica do corpo: a libido, o apetite, a pressão arterial, o sono, o ritmo cardíaco e a imunidade, presente no sistema imunológico. No setor das emoções, controla o estresse, a depressão e a ansiedade, provocando reações como lágrimas, palidez, arrepios, ações transmitidas e que se tornam presentes em nosso cotidiano.

O cérebro emocional situa-se na parte interna dos hemisférios do cérebro, que funciona por meio de estímulos e sinais transmitidos pelos neurônios. Segundo Silva (2019), muitos testes ativando as células neurais foram realizados para analisar o fluxo dessas informações produzidas. Além disso, diversas pesquisas foram e são feitas com o objetivo de compreender esse lado emocional do cérebro e todas as modificações bioquímicas transmitidas pelas emoções.

De acordo com Nascimento (2009), as pesquisas em design emocional colocam as emoções como um dos pontos centrais dessa área, na qual as emoções são capazes de julgar e formular pensamentos e ações quando se necessita de uma compreensão da realidade, fazendo com que as pessoas vivam melhor.

Adquirimos conhecimento sobre a personalidade quando observamos os aspectos fisiológicos, como os batimentos cardíacos acelerados ou o apetite causado por ansiedade. Nesse momento, são produzidos neurotransmissores de reações fisiológicas e bioquímicas em nosso corpo, os quais convencionamos denominar *emoções*. Oliveira (2008) acredita que as emoções são responsáveis pelo modo como um indivíduo interage com o meio em que vive e com seu entorno, refletindo nos aspectos pessoais de sua vida.

Todas as pesquisas sobre a produção de neurotransmissores e sobre o que provoca as reações fisiológicas e bioquímicas resultam em uma atenção maior e mais detalhada sobre a potenciação neural, tendo seu foco no hipocampo e na amígdala, áreas relacionadas às emoções. A amígdala envia sinais através da medula para o sistema nervoso e, juntamente ao hipocampo, faz as células disparem sinais que ativam a dopamina, neurotransmissor responsável por prazer, medo, humor e outras funções endócrinas do organismo. Segundo Silva (2019), a amígdala envia sinais para áreas sensoriais como a visão, fazendo com que os olhos estejam atentos no momento em que ocorrem as reações cerebrais e emocionais.

As emoções estão interligadas com o comportamento humano, afetando aquilo que uma pessoa faz e o modo como age. Staats (1996), em suas pesquisas, afirma que essa relação entre emoção e comportamento está intimamente ligada às funções de estímulo enviado pelo cérebro, adquirindo função reforçadora.

Analisar esse comportamento e as emoções por meio do que foi dito pelos pesquisadores resulta em uma análise sobre o campo evolutivo e biológico dos seres humanos. Sentir esses estímulos enviados pelo cérebro emocional pode ocasionar reações de oposição no momento da fala: o indivíduo pode sentir-se nervoso e seu corpo reagir de modo contrário ao que ele realmente deseja naquele momento.

No entanto, Staats (1996) informa que essas mudanças de comportamento não mudam em alguns órgãos do corpo, por exemplo, o intestino no momento da digestão e a pressão sanguínea, afirmando que essas respostas fisiológicas não produzem reações extras.

Nesse contexto, é claro que as emoções e os sentimentos exercem funções fisiológicas, que estão diretamente ligadas a várias áreas de pesquisa e estudo, sendo uma delas o campo do design, que está presente em diversas áreas de atuação, tornando-se interdisciplinar. Assim, o design e os profissionais de criação artística, bem como os ligados ao marketing, fazem da emoção um ponto indispensável e presente tanto no processo de criação quanto nas decisões tomadas em seus estudos iniciais.

Desse modo, as reações expressas pelos usuários no momento que visualizam um projeto ou produto, sentimentos como prazer, tristeza ou repúdio, elucidaram pesquisas sobre usabilidade, ergonomia e marketing, relacionando a beleza e a emoção ao processo de decisão (Buccini; Padovani, 2005).

Ribeiro (2009) defende que o corpo sente as respostas aos estímulos despertados pelo cérebro e é responsável pelas decisões tomadas, sendo inviável descartar essas reações que o corpo emite. Esse ponto é crucial nas pesquisas de design, que devem sempre atentar às emoções sentidas e transmitidas pelos usuários.

Zavialoff (1998), remetendo-se às teorias vigotskianas, nas quais o pensamento e a linguagem – acompanhados e situados no tempo e na história – estão ligados às emoções, reforça que os lados biológicos e sociais presentes nos sentimentos não excluem as reações sentidas, mas também não estão apenas presentes nelas, pois, se uma emoção for expressa por um signo, palavra ou gesto, ela vai permanecer na relação com a linguística, estando, dessa forma, conectado ao lado social. Assim, a linguagem aparece como organizadora das emoções pelo modo como a expressamos, seja no lado biológico, seja no fisiológico.

Esclarecendo a diferença entre aquilo que é mental e o que é comportamental, Damásio (2015) afirma:

> Estava a fazer a ponte entre aquilo que acontece no cérebro e aquilo que acontece na nossa vida em matéria de organização social. [...] a nossa vida e a nossa organização social são um reflexo extraordinariamente importante da nossa organização básica afetiva.

A razão pela qual nossa sociedade é organizada da forma que é, aquilo que acontece no âmbito da criação da moralidade, da justiça, da economia, da política e, até mesmo, das artes e das humanidades, tudo isso tem uma influência extraordinariamente grande na vida dos afetos.

Para Lent (2010), o ser humano é quem mais se envolve e transmite ações operadas pelo cérebro, sendo conhecido como *ser emocional*, pois apresenta razão e emoção, fazendo um paralelo com ações que são complexas ao cérebro, como a raiva, a alegria, a tristeza ou o amor, mas que estão presentes nas atividades cotidianas, sejam elas pessoais, sejam profissionais.

O autor ainda ressalva que não é possível mensurar as manifestações fisiológicas e que a emoção deve ser analisada por meio da neurociência, visto que, nos seres humanos, muitas vezes, não há o controle da emoção, o que afeta e impossibilita a realização de pesquisas mais aprofundadas, pois essas reações emocionais são de acesso individual e não se pode ter uma precisão de conclusão e veracidade.

Contudo, tal estudo é importante para a área do design nas relações com produtos, marcas, símbolos, moda e interiores, ou seja, em sua relação com o ver, o sentir e o consumir, pontos centrais para a existência das sociedades e que estão interligados às emoções.

Com o crescimento das pesquisas ligadas à neurofisiologia, sobrevêm novas questões éticas, já que estudos demonstram o quanto as questões afetivas ou emocionais influenciam o processo decisório dos consumidores. Dessa forma, o primeiro impacto da apresentação de um produto pode seduzir o consumidor e fazer com que ele realize um julgamento prévio difícil de ser modificado pela razão (Barddal; Gotijo; Merino, 2015).

2.2 Aspectos psicológicos e o design

Ao tratar dos aspectos psicológicos e sua relação com o design, voltamos nosso olhar para as teorias de Vigotski, nas quais as funções psicológicas exercem uma relação que abarca o lado psíquico do ser humano, que vive em constante transformação, e mostram que entre crianças e adultos existe uma distinção de emoções (Aguiar, 2019).

Na década de 1970, pesquisadores de diversas áreas iniciaram estudos sobre emoções, o que aguçou os designers a se preocuparem com o lado emocional, pois perceberam que a psicologia estava intimamente ligada à atividade do design, possibilitando o desenvolvimento de metodologias que garantissem sucesso nesse aspecto dos projetos, já que as emoções podem ser controladas e, portanto, um produto pode modular experiências emocionais (Tonetto; Costa, 2011).

De acordo com Nascimento e Rocha (2014), esse interesse voltado para a psicologia inspirou designers e profissionais da área a entender melhor o usuário, melhorando seus projetos, gastando menos tempo para desenvolvê-los, evitando gastos e sobrecarga de informações e formando um banco de dados para auxiliar a memória do usuário.

Nos projetos de produtos, a forma requer atenção especial, sendo considerada desde a teoria da Gestalt, que surgiu na Alemanha do século XX e estuda a forma e sua importância na visualização do objeto. Essa visualização causa equilíbrio e harmonia, usando a segregação e a unificação da percepção da forma para provocar a sensação de continuação, proximidade e semelhança.

Gomes Filho (2003) ressalta a importância da percepção das formas do objeto descrita pela Gestalt, que preenche o entendimento do comportamento humano ligado a psicofísicas das estruturas e espaços, observando as leis de organização das formas e espaços, bem como variações que modificam a base, estimulando os sentidos. A percepção de formas e a relação entre os elementos são resultados imediatos do contato, não dependendo de conhecimento prévio. A Gestalt também assegura a preferência das pessoas pela ordem e simplicidade das formas dos elementos, em razão da maior facilidade de leitura visual, independentemente da organização da composição.

Essa harmonia entre o design e a psicologia facilitou o entendimento e a ampliação de novas metodologias, mostrando que as emoções são alcançadas pelos projetos realizados. O design é a relação direta entre o usuário e o projetista, entre aquilo que foi projetado e as emoções que são transmitidas (Tonetto; Costa, 2011).

Segundo Tonetto e Costa (2011), por meio do conhecimento e dos métodos presentes na psicologia, é possível à área de design emocional prever e controlar a emoção e, assim, realizar projetos que se modelem aos desejos das pessoas.

Outra relevante área pontuada por Hekkert (2006) é a estética, que, segundo ele, não pode ser separada da emoção e do significado que representa nos projetos de design. A estética surge para mostrar ao profissional que não se deve atentar apenas à solução, mas também ao bem-estar que o projeto provoca nos usuários, independentemente da área de atuação na qual ele esteja inserido.

Estudar o design emocional é preocupar-se também com a área científica, com pesquisa, teoria e metodologia no momento da criação e da elaboração de projetos. Quando essas áreas são abordadas, o sucesso é maior e os resultados são mais satisfatórios. A pesquisa científica é de suma importância nas etapas descritas pelo método científico e projetual, já que, se as teorias são aplicadas na prática, cumprindo-se suas etapas, o projetista terá mais chance de obter um retorno positivo (Desmet; Hekkert, 2009).

Diversos teóricos e estudiosos ligados à psicologia emocional sustentavam em suas pesquisas que não era possível provocar reações de emoção nas pessoas plenamente, acreditando que as interpretações dessas experiências eram relativas. Entre tais autores, encontravam-se Cacciopo e Gardner (1999), que verificaram que, desde os gregos, a evolução do conhecimento humano encontrava obstáculos nas emoções vividas e sentidas, interferindo na tomada de decisões e na resolução de problemas. Essa teoria racionalista entra em contradição quando a psicologia afirma que o conhecimento e a existência humana são induzidos pelas emoções, significando, assim, o processamento de conhecimento e a geração de informações.

A emoção é uma forma de energia mental que produz reações no organismo vivo. Assim, em toda emoção há três reações: (1) mental, (2) corporal e (3) comportamental, que envolvem todo o corpo, como um único sistema integrado, no qual se encontra a experiência psicológica por meio da reação mental.

Para Norman (2004), no nível comportamental, o design está totalmente ligado ao uso do produto e relaciona-se ao subconsciente, vinculando-se ao prazer de uso. Esse nível diz respeito à experiência de uso, à função e ao desempenho, ponderando-se também a facilidade de compreensão de uso, a forma e a emoção transmitida e sentida.

Solomon (2016) afirma que as pessoas já nascem com necessidades indispensáveis à sustentação da própria vida, as **necessidades biogênicas**, como alimento, água e moradia. No entanto, adquirem outras necessidades sociais, classificadas por ele como **necessidades psicogênicas**, que se referem àquelas que envolvem *status*, poder, associação, entre outras. Para o autor, ainda existem as **necessidades utilitárias**, despertadas por atributos objetivos e tangíveis do produto, e as **necessidades hedônicas**, ocasionadas por alegria, autoconfiança, prazer etc.

Norman (2004) enfatiza a importância da pesquisa direta com o usuário para a compreensão de quais experiências emocionais são desejáveis e para a identificação de quais elementos devem compor os projetos de design, visando propiciá-las.

Para alcançar os níveis cerebrais e promover emoções positivas no usuário, o autor destaca que é fundamental seguir linhas estratégicas vistas pelos estudos do design, como a estética (design visceral); a aparência, o conforto e a usabilidade (design comportamental); e a reflexão e o pensamento (design reflexivo) (Norman, 2004).

O uso de referências simbólicas tem a função de evocar as emoções, pois as características reflexivas sustentadas por um objeto podem falar diretamente da prática e da vivência dos indivíduos. Assim, experiência, interação direta e desempenho do usuário com o produto provocam emoções que podem despertar boas sensações no consumidor, de modo a relacionar a pessoa ao objeto. Esse surgimento de emoções influencia a experiência de consumo por meio da profissionalização do design emocional (Tonetto; Costa, 2011).

Segundo Löbach (2001), o profissional do design pode cumprir seu papel com maestria se unir o conhecimento e a emoção em seus projetos, de modo a transmitir para o usuário as funções estéticas, práticas e simbólicas do objeto. Entretanto, Tonetto e Costa (2011) explicam que psicologia, design e emoção sugerem que os designers tenham um pouco mais de atenção ao lado psíquico do ser humano, formando uma relação direta.

Compreendemos, então, que o design tem grande valor para uma boa experiência no momento de compra (provocar reações emocionais é uma delas) e que sua função é conhecer os desejos e as necessidades íntimas dos usuários, o que demonstra como a emoção, desde sempre, tem relevância para a área de design.

2.3 Emoção, sociedade e design

Ono (2004) afirma que o ser humano busca sua organização social e ocupação de seu espaço de acordo com as necessidades vivenciadas e seus desejos, sempre aprimorando técnicas que possam tornar mais fácil sua sobrevivência na natureza e em seu entorno.

Esse modelo, vivenciado desde as civilizações mais antigas, marca a formação da sociedade e mostra que o homem acompanha a evolução, a globalização e a diversidade dos recursos naturais. O ser humano, em razão da quantidade e da diversidade de informações disponíveis, observou que existiam necessidades e desejos maiores, perdendo-se um pouco nas ações vivenciadas no presente.

No modelo de sociedade atual, a representação e a formação da informação vêm sendo passadas de geração em geração, marcando um processo evolutivo e histórico, que faz com que as pessoas estejam em constante transformação e criação de identidade, fazendo daquilo que criam seus símbolos. E buscam cada vez mais essa evolução por meio das tecnologias (Dowbor, 2001).

Observamos que os sentimentos e as emoções apresentam diferenças: as emoções buscam a satisfação, relacionando-se às sensações vividas; já os sentimentos caminham pelo lado cultural e espiritual da história, em seu desenvolvimento e em sua evolução (Smirnov, 1969).

Estando os sentimentos presentes na vida cotidiana humana e, dessa forma, interagindo com seu lado social, Smirnov (1969) relata que os fenômenos orgânicos ou sociais estão relacionados à emoção e provocam reações, cumprindo o que foi vivenciado desde os primórdios da história da humanidade. Essa união entre os sentimentos e as emoções está em contínua construção e desenvolvimento, constituindo a personalidade humana. Smirnov (1969) ainda ressalta que o homem deve buscar novas formas de vivenciar a realidade.

Também segundo o autor, a parte histórica que remete às emoções e aos sentimentos caminha junto ao desenvolvimento da sociedade e da humanidade, modificando seus significados reais. O que antes transmitia sentimentos a certo tipo de pessoa não necessariamente provocaria o mesmo sentimento em outra pessoa pertencente à mesma classe social em momento diverso da história (Smirnov, 1969).

As emoções e os sentimentos, além de sua marca histórica, apresentam marca social nas formas de convivência do indivíduo: sua formação e seu desenvolvimento na sociedade, dependendo do modo como ela é organizada. Uma sociedade é regida por normas, e isso interfere nos sentimentos, sejam eles morais, sejam estéticos. Isso pode ser observado desde o desenvolvimento infantil, quando a criança adquire experiências em seu lado emocional e carrega seus sentimentos durante as fases de crescimento (Smirnov, 1969).

Perrone (2016) afirma que essa evolução dos indivíduos nas sociedades transformou o modo de interação deles com os produtos, pois estes também passaram por processos evolutivos.

As sociedades, segundo Bauman (2009), apresentavam-se firmes e duradouras, sobressaindo-se em relação aos indivíduos que a integram. A vivência em sociedade fez com que as pessoas concordassem e respeitassem as opiniões umas das outras para que pudessem viver felizes. No entanto, o viver em comunidade foi perdendo sua força em relação ao poder do indivíduo, e a segurança transmitida pelos laços inter-humanos foi se tornando passageira. A sociedade não vivencia mais uma forma estruturada, passando a ser efêmera e sem organização (Bauman, 2007).

Já Löbach (2001) afirma que a sociedade é um sistema complexo, fundamentado na soma dos homens como indivíduos e suas relações. São seres que atuam e, desse modo, exercem influência ativa em seu entorno, modificando-o. Essa atuação pode ser consciente ou influenciada por fatores inconscientes, impulsivos e emocionais.

É possível motivar comportamentos por meio da emoção, estimulando prazeres, por exemplo. O prazer sentido resulta no estímulo do comportamento, e cada vez mais as pessoas se relacionam por meio de telas, deixando de conviver em sociedade. O senso de comunidade se enfraquece perante a individualidade (Perrone, 2016).

Emoções são partes inseparáveis e necessárias da cognição, sendo, muitas vezes, ausentes em uma sociedade educada e totalmente sofisticada. Tudo o que fazemos e pensamos é tingido de emoção, em sua maior parte subconsciente.

Emoções mudam a maneira como pensamos e servem constantemente de guia para as ações comportamentais adquiridas, afastam-nos do mal e nos fazem procurar o bem antes de buscar o conhecimento, visto que sobrevivência é mais importante que o entendimento (Norman, 2004).

De acordo com Barbosa (2004), em uma sociedade rotulada como *consumista*, é possível apontar e encontrar tanto um tipo de consumo específico, de signos, quanto uma sociedade que segue os valores e os princípios expostos a ela, de classificações bastante particulares, sendo a condição oriunda de processos sócio-históricos. O consumo tornou-se um aspecto intrinsicamente ligado ao subjetivo das pessoas, representando a satisfação de desejos e a realização de sonhos.

Para McCracken (2003), apesar de o consumo ser uma atividade naturalmente pertinente a todas as formas sociais, a sociedade de consumo é caracterizada pela mudança nos gostos, nas preferências, nos hábitos de compra e, sobretudo, pelas rotinas culturais modificadoras do espaço, da sociedade, do indivíduo, da família e do Estado. Segundo ele, essa forma social tem diferentes traços que a marcam, desde a quantidade e a diversidade de mercadorias e serviços até a adoração a objetos e a busca por diversão. Dessa forma, o design pode ser responsável por despertar emoções, interesses e entusiasmo nos consumidores (McCracken, 2003).

O amor pelos produtos surge quando estes são consumidos e passam a ser inseridos no meio em que vivemos, fazendo parte de nossas vidas como peça fundamental e, portanto, proporcionando-nos prazer. O design faz parte dessa equação, mas a interação pessoal é o segredo, pois ela cria um laço de amor entre o objeto e sua função em nossas vidas, intensificando nossa satisfação em razão de sua beleza, de seu comportamento ou de seu componente reflexivo (Norman, 2004).

A união entre o lado emocional e o design estabelece cada vez mais importância na vida dos indivíduos atualmente, pois eles buscam nos bens materiais não só estética e usabilidade, mas também o lado afetivo e emocional, que torna o bem ou o produto agradável, direcionado ao bem-estar físico e emocional (Norman, 2004).

Assim, o design não é primordial apenas no momento da venda dos produtos, já que também forma uma conscientização da sociedade, pois participa da evolução e reflete no modo de viver e na construção da informação e da identidade.

O design gráfico é uma área que, muitas vezes, não é contemplada no design emocional, uma vez que, frequentemente, está ligada à produção de revistas, livros ou publicidade. Entretanto, existem trabalhos que fogem a essa visão de mercado e quebram os padrões de conformidade (Barros, 2014).

Shea (2012) afirma que muitos designers buscam adquirir e fazer uso de suas habilidades em um campo do design bastante presente nos dias atuais: o **design social**, que se preocupa com a mudança que a profissão e suas ações podem causar nos indivíduos, ajudando, por meio de trabalhos, clientes menos favorecidos, funcionando como um meio alternativo em empresas.

O design social tem sua inspiração no conceito de valorização dos indivíduos, resgatando ideais, além de atuar de acordo com uma causa social, política ou cultural. Esse lado do design revela a importância que o profissional representa, questionando o verdadeiro objetivo de sua profissão, pois seu papel é transmitir de maneira eficiente a informação por intermédio da peça gráfica (Barros, 2014).

Segundo Ribeiro (2009), o profissional do design, nos dias atuais, deve voltar sua atenção para os produtos que cria e que podem ser criados, levando em consideração as emoções que provocam nos usuários. Deve, portanto, focar nos símbolos presentes na semiótica e na estética, despertando nos indivíduos sentimentos e sensações de satisfação que criem uma memória afetiva, transmitida pela forma, pela cor ou pela textura dos objetos.

2.4 Elementos culturais e design emocional

De acordo com Moser (2005), os elementos culturais são pesquisados na área das ciências sociais e retratam a relação entre a cultura e o ambiente, demonstrando que o ambiente não é um espaço neutro, uma vez que tem uma dimensão cultural não isenta de valores. O autor ainda salienta que os comportamentos são confrontados com as diferenças culturais e com o desenvolvimento, sendo comparados constantemente.

O ambiente exerce relação direta com as pessoas, criando e causando o sentido e a identidade, presentes em seu lado social e emocional. Os países tidos como desenvolvidos e independentes, por exemplo, buscam uma identidade cultural, antes imposta pelos poderes políticos na época da colonização.

A cultura conta com elementos dinâmicos, ativos, que, por meio do diálogo, mostram e formam a identidade. Representar a sociedade atual no mundo industrializado em que vivemos é chamá-la de *complexa*, *plural* e *fragmentada*.

Vivemos em um mundo composto de diferentes culturas e modos de viver, com pessoas que constroem sua própria identidade, o que é fator de preocupação no mundo industrializado (Barbosa, 2021).

Para Smirnov (1969), o homem vive em função da realidade, agindo e reagindo a suas ações, que são definidas pelos sentimentos e emoções vividas. Isso é abordado na teoria histórico-cultural, a qual dispõe que o homem sente e é originado a partir de uma realidade objetiva e de suas relações diretas com outras pessoas. Ainda segundo o autor, nem tudo que é objetivamente real provocará uma reação, apenas aquilo que apresente uma necessidade maior. A variação e a intensidade dos sentimentos e das emoções são obtidas pelo significado dos objetos e pelos fenômenos que desenvolvem.

Sobre a questão do histórico-cultural, Vigotski apoia-se no materialismo histórico e dialético, e uma questão teórico-metodológica se configura, então, como essencial, com início e fim, para tentar compreender como os sentimentos e as emoções fazem-se presentes na base cultural e histórica dos homens, de maneira a compreender como isso se torna possível na ontogênese, na história do sujeito e da sociedade (Magiolino, 2010).

Magiolino (2010) destaca que entender as emoções pelo lado histórico-cultural apontado por Vigotski é associar as emoções às metodologias repletas de regras e etapas. Essas questões metodológicas remetem ao princípio de seculares indagações entre o indivíduo e sua relação com o conhecimento e, em contrapartida, exigem algumas tarefas referentes aos modos de pensar o sentir que nos conduzem a divisões, como interno e externo, emoção e razão, mente e corpo, natural e cultural, biológico e psíquico, presentes e discutidas no design emocional.

Vigotski fala de significação, uso e criação de símbolos e instrumentos, natureza firmada pela formação cultural e histórica e pelas funções psicológicas do ser humano (Magiolino, 2010). Já Comin e Amorim (2008) indicam a necessidade de compreender e diferenciar o sentido do simbólico, da cultura e do socialismo; em outras palavras, o social aparece antes do cultural, isto é, é redimensionado por ele, assumindo formas diferenciadas de existência, formas humanas propriamente ditas. Mas o social torna-se também um modo de organização das relações que são criadas pelos e entre os homens.

Comin e Amorim (2008) afirmam que somos responsáveis por nossa vida social e pela criação das condições de existência social e material. E, responsáveis por essas condições de viver em sociedade, criamos nossas produções culturais. Assim, de acordo com os autores, o homem é criador de seu próprio destino, e toda essa transformação pode ser observada desde as sociedades coloniais e tribais até as sociedades mais complexas e modernas (Comin; Amorim, 2008).

Segundo Bakhtin (1981), as emoções mudam com o decorrer do tempo e, nesse processo de mudança, as emoções, expressando-se de maneira unificada e funcional, passam a afetar os indivíduos.

Se pensarmos em funções como memória, linguagem, imaginação, pensamento e atenção, constataremos que estão carregadas de emoções. O designer deve preocupar-se com os aspectos que envolvem o lado projetual, sendo ele cultural, econômico e social, pois é por meio desses aspectos que se deve visualizar o modo como projetar bens de consumo e serviços.

Falar de emoções, cultura e sociedade é mergulhar na antropologia do campo emocional, que se consolida por meio da antropologia geral, a qual, no século XX, chegou ao mundo ocidental.

Barreto (2001) afirma que, em uma análise antropológica de vigor compreensivo, é necessário considerar atores inseridos em uma sociedade e em uma cultura emocional preocupadas com as teorias metodológicas, que, por intermédio da antropologia das emoções, inserem-se na vida e no lado social do indivíduo, promovendo discussões desde as primeiras formações dessas emoções e vendo até onde elas causam reações influenciadoras no indivíduo.

Como vimos, é por meio da antropologia das emoções que pesquisamos e encontramos os fatores psicológicos, sociais e culturais, que se expressam por nossas ações e reações de emoções e sentimentos, fazendo com que os indivíduos formem uma coletânea de vários aspectos culturais, podendo estar inseridos em diferentes sociedades (Barreto, 2001).

O indivíduo e a cultura caminham juntos e se fazem marcantes de diferentes formas em membros de grupos e em ações e projetos realizados individualmente, ou seja, são dois pontos que, desde os primórdios, estão presentes na formação dos indivíduos que vivem em sociedade (Koury, 2005).

Ono (2004) mostra que, na sociedade moderna, a integração entre o indivíduo e a cultura desempenham um papel que contrapõem os membros do grupo, tendo em vista a existência de diversas culturas na sociedade. Em contrapartida, não podemos desconsiderar a complexidade dessas diversas culturas que envolvem o sistema e a sociedade e não podemos concebê-la como uma coisa ou estrutura funcional, mas sim como ponto presente nos indivíduos e em suas ações.

Dessa forma, conforme a autora, deve existir distinção entre as culturas mundiais e as locais, pois, hierarquicamente, as mundiais se sobrepõem às locais, tornando-se um fenômeno de manifestações diárias e adquiridas por diversos tipos de pessoas.

Segundo Bourdieu (1983), o capital cultural é constituído de práticas e hábitos transmitidos por instrumentos culturais. Durante nossa história evolutiva, acumulamos heranças e, por meio delas, construímos nossa própria identidade cultural, adequando-nos à sociedade na qual vivemos.

É necessário desvendar esse lado cultural, que, muitas vezes, não é compreensível, pois engloba objetos que se encontram na cultura material formada desde os mais antigos povos de inúmeras regiões, criando, dessa forma, uma cultura homogênea.

É difícil compreender as emoções expressas na vida social dos indivíduos e, com isso, o conhecimento sobre o interior das pessoas e sobre suas ações no meio em que estão inseridas expressa-se pelos gestos e pelo modo como elas se comportam.

Koury (2005) reforça a importância da emoção para os indivíduos que vivem em sociedade e para o ambiente, seja por suas ações, seja por movimentos realizados e expressos. Ele ainda explica que as emoções são expressas por intermédio das linguagens fornecidas pelas culturas nas quais os indivíduos estão inseridos: objetos, materiais e modelos impostos na sociedade. Tais linguagens e comportamentos podem variar de acordo com o modo como são passados de sociedade para sociedade, de pessoas para pessoas.

Barreto (2001) afirma que essas linguagens e esses comportamentos encontrados nos símbolos, nas artes, no lado intelectual e no lado material fazem parte da caracterização da sociedade e estão presentes no modo como os indivíduos interagem, vivem, pensam e agem, criando valores, crenças e tradições.

Essa linguagem representacional aparece também no campo artístico, sendo transmitida pelas artes, mas não a encontramos no campo científico. Podemos distinguir a cultura de uma região ou país, segundo Barreto (2001), por meio de sua arte, que se torna marca dessa sociedade.

As imagens impostas pelos meios publicitários, presentes nas mídias impressas, digitais ou televisivas, vendem-nos produtos, ideias, conceitos, comportamentos, propagandas e *slogans* políticos. Elas provocam e constroem em nosso subconsciente ensinamentos que aprendemos involuntariamente; muitas vezes, em razão de nossa incapacidade de interpretar essas imagens e pelo trabalho influenciador das mídias (impressas, televisuais ou digitais), provocando emoções e sensações.

Segundo Ono (2004), no âmbito do desenvolvimento cultural, o design, em suas diversas áreas, está presente e tem relevância na vida dos indivíduos, por seus projetos e por suas práticas, tornando-se, assim, facilitador e agente cultural, dinâmico e multidisciplinar, e construindo uma identidade própria expressa em seus projetos.

A base cultural é construída desde as sociedades primitivas por meio de uma interação que acompanha o desenvolvimento cultural dos indivíduos e dos grupos sociais em que estão inseridos. Essa transformação cultural é composta de comportamentos e valores que formam a identidade em sua diversidade (Ono, 2004).

Ono (2004) ainda relata que as pessoas constroem seu repertório, composto de símbolos e objetos que se tornam fundamentais para a compreensão e a formação do ambiente que habitam, e esses objetos têm como função principal atender a diversas necessidades daqueles que fazem uso deles. Os objetos devem exercer condições de uso, suprindo as necessidades dos usuários para que eles alcancem o que almejaram quando adquiriram determinado produto, por isso é de grande importância que exista uma relação entre o projetista, o produtor e o consumidor.

Barreto (2001) afirma que é difícil existir um bom designer que não tenha buscado informação na literatura, nas áreas que compõem sua profissão e que formam seu banco de conhecimento. As pesquisas, sejam elas iconográficas, sejam de campo, sejam virtuais, permitem que os designers adquiram conhecimento prévio sobre o que está sendo criado, formando, com isso, uma interpretação artística e cultural.

Aqueles que defendem o design como forma de transmitir apenas emoções devem formar um novo pensamento, refletindo também sobre suas ações e o que as emoções são capazes de fazer na vida dos usuários. O lado emocional deve estar ligado ao conhecimento para que o produto projetado não seja apenas uma vivência de momento, mas algo que também suprirá as necessidades funcionais.

Nesse contexto, percebemos a importância da natureza histórica e cultural tratada nos estudos antropológicos. Desde a

Revolução Industrial, quando os produtos passaram a ser fabricados em série, o design vem sofrendo transformações. E foi por meio do processo cultural vivenciado na sociedade que os produtos adquiriram novas funções, surgindo, consequentemente, a necessidade de aquisição de produtos cada vez mais novos e que acompanhassem toda essa evolução.

Segundo Mont'Alvão e Damazio (2008), as pessoas existem e agem de acordo com a cultura de seu tempo, e os objetos, com seus aspectos funcionais e emocionais, fazem com o que o indivíduo sofra e reaja a seu entorno.

O crescimento da vida social envolve a cultura e os sentimentos vivenciados, que, muitas vezes, podem parecer complexos, uma vez que se trata de desejos. Todavia, nessa relação entre cultura, sociedade e indivíduo, o design emocional está presente, já que projetar para pessoas envolve emoções. Assim, os designers devem atentar tanto para aspectos históricos quanto antropológicos e emocionais. É no momento do desenvolvimento do projeto que os designers devem observar a importância que seus projetos causarão na vida dos usuários, desde o momento do interesse pela compra até o momento de levar o produto para casa. Os designers precisam entender que não é somente a beleza que desperta a atenção de uma pessoa, pois existem dimensões maiores e mais complexas que geram diferentes reações no cotidiano dos indivíduos.

2.5 Fisiologia, psicologia, cultura, sociedade e design emocional

O design emocional surgiu e começou a ser implantado nos projetos de design na década de 1990, estando relacionado aos pontos e às diretrizes vividas no processo metodológico que ligava o projetista, o usuário e o produto desenvolvido.

De acordo com Tonetto e Costa (2011), a função do designer não é apenas de carácter emocional, visto que os produtos adquiridos transmitem ao usuário emoções como bem-estar e satisfação. Seu objetivo, segundo os autores, é analisar e estudar os usuários, buscando informações, com a pesquisa e a psicologia como aliadas, no momento de formação de ideias e geração de conceitos para que os projetos contenham os pontos funcionais e os emocionais, conforme procuram os usuários (Tonetto; Costa, 2011).

Para a psicologia, o sujeito contemporâneo é, muitas vezes, induzido pelas ações sociais que vivencia, pela inovação tecnológica, por exemplo, em que o desejo de possuir algo moderno sobrepõe-se ao lado funcional, marco causado pelo capitalismo, que evolui desde a Revolução Industrial.

Para Jacó-Vilela (2001), os indivíduos, mesmo apresentando esse lado consumista e capitalista imposto pelas revoluções industriais e desejando fazer parte desse tipo de sociedade, também são capazes de expressar seu lado sentimental e não se prendem apenas ao que dita a sociedade. Eles formam pensamentos e se tornam indivíduos únicos, que demonstram seus desejos, os quais nem sempre são semelhantes aos das outras pessoas que fazem parte de seu entorno e dividem a mesma cultura na sociedade.

Norman (2004) entende que algumas características que o objeto apresenta e que são passadas aos projetos com preocupação emocional são relevantes para os indivíduos ou para os grupos, pois nossas ações, algumas vezes, contam com aspectos ocultos e envoltos pelo conhecimento, transmitindo significado, e também pelas emoções, agregando valor afetivo. O autor acredita que o lado afetivo e emocional está presente nas ações e influencia nossa maneira de agir e pensar, positiva ou negativamente. Com isso, ele cita os três níveis emocionais que compõem o design emocional: (1) visceral, (2) comportamental e (3) reflexivo, já abordados no Capítulo 1. Esses níveis, segundo Norman (2004), estão interligados e têm grande importância para os usuários.

O designer deve, então, ponderar os três níveis no momento de gerar os conceitos e finalizar os projetos, levando em consideração que as emoções são distintas e oscilam de pessoa para pessoa. Por isso, cada projeto deve conter pontos que liguem a razão à emoção, o que ocorre, no processo metodológico do design, tanto em um *briefing* bem elaborado quanto na finalização das informações expressas pelos produtos projetados, passando pelas demais fases intermediárias desse processo.

Os produtos devem exercer uma função de comunicação com os usuários, e seu uso deve apresentar emoções simbólicas e técnicas favoráveis. Ono (2004) destaca que o design é constituído por pesquisas materiais e pela relação que estabelece com os sentidos, seja pela textura, seja pela forma, seja pela durabilidade.

As práticas sociais não ditam se um produto atenderá aos desejos das pessoas, e as avaliações de percepção realizadas podem variar mesmo quando estudamos e projetamos algo para um tipo específico de usuário (Ono, 2004).

Os significados dos produtos fabricados são elementos fundamentais na realização e na conclusão de um projeto. É impossível, segundo Pazmino (2007), deixar de estudar e conhecer em que cultura o usuário está inserido e qual sua classe social, pois esses elementos fazem parte e são constitutivos da percepção de significados e sentidos.

Um bom processo de pesquisa e elaboração de ideias, desde que cumpridas as etapas metodológicas, é, conforme Barreto (2001), o caminho mais seguro e eficiente para estimular as pessoas a procurar pelos produtos criados, considerando, nessas pesquisas, é claro, o ponto cultural em que esses usuários estão inseridos.

Foi no século XX, com a descolonização, que se disseminaram os sentimentos de liberdade política e social entre os povos, tornando possível a formação de novos valores e novas culturas (Barreto, 2001). Segundo Ono (2004), a cultura encontra-se essencialmente vinculada ao processo de formação das sociedades humanas, em uma relação de simbiose, interdependente e dinâmica, que acompanha o desenvolvimento dos indivíduos e grupos, expressando elementos sociais e valores que compõem sua identidade.

De acordo com Pazmino (2007), o design teve seu destaque maior nas décadas de 1960 e 1970, solucionando os problemas da sociedade da época com produtos projetados que refletiam a cultura e a busca pelo social.

Falar de design emocional na realidade atual é unir os elementos que o compõem: cultura, razão e emoção, não deixando de tratar de inovação e tecnologia, já que todos esses elementos devem estar interligados nos projetos realizados, de modo a refletir significados nas vidas das pessoas e influenciar suas atividades e emoções.

Zamurovic Brothers/Shutterstock

CAPÍTULO 3

ESTUDOS E TEORIAS SOBRE DESIGN EMOCIONAL

Nas pesquisas sobre design emocional, é importante analisar as reações emocionais que os produtos desencadeiam no usuário. Diante disso, neste capítulo, abordaremos os estudos, as teorias e os modelos elaborados por autores reconhecidos nessa área, bem como a relação existente entre o design, o prazer, a emoção, o produto e o usuário.

3.1 O design emocional para Patrick W. Jordan

Patrick W. Jordan é um consultor britânico, nascido em Londres, autor de diversos livros e artigos sobre design e *marketing*, especialista da Philips em ergonomia e pesquisador há mais de vinte anos nessa área. Entre seus livros, destacamos *Designing Pleasurable Products: An Introduction to the New Human Factors* (2000), muito usado como referência por pesquisadores na área de design emocional.

Jordan desenvolveu a hierarquia das necessidades dos usuários, a questão da agradabilidade juntamente à classificação dos quatro tipos de prazeres e elaborou a atribuição de personalidade do produto (*Product Personality Assignment* – PPA), com o objetivo de entender a relação entre objetos e pessoas.

Ao criar a **hierarquia das necessidades**, o autor pensou que, se nos conectássemos com os objetos em nosso entorno, pensaríamos neles como viventes e, assim, poderíamos nos relacionar com eles, modificando, muitas vezes, nosso estado emocional, nosso humor. Por exemplo, um aparelho celular que apresenta algum problema operacional limita a realização de atividades e impossibilita a comunicação, afetando, dessa forma, o humor e a vida cotidiana.

A hierarquia das necessidades é um modelo baseado nas pesquisas de Maslow (1970). Para esse autor, o ser humano dificilmente atinge sua satisfação total, e suas necessidades podem ser classificadas de mais baixas a mais altas, de acordo com as prioridades de cada um. Segundo ele, mesmo alcançando necessidades básicas, o indivíduo sente-se decepcionado ao não atingir níveis mais altos e, por isso, continua tentando escalar esses níveis constantemente (Maslow, 1970).

As necessidades básicas relacionadas a produtos são classificadas em nível baixo, como a funcionalidade, nível médio, como a usabilidade, e nível alto, como o prazer, a satisfação e a agradabilidade.

Além de funcionais e eficientes, os produtos, para Jordan (2000), deveriam passar experiências e emoções satisfatórias e agradáveis aos indivíduos. Falar de agradabilidade é respeitar a relação emocional que os produtos podem trazer de benefício e, partindo daí, o autor distinguiu quatro tipos de prazeres: (1) fisiológico, (2) social, (3) psicológico e (4) ideológico. Para defini-los, Jordan (2000) baseou-se na teoria sobre prazer e agradabilidade formulada por Lionel Tiger, professor de Antropologia.

Quando se trata de produto, é preciso lembrar que a estética tem relação com o prazer, que lembra a utilização, as texturas, os materiais, as formas, os movimentos e os acabamentos que tornam um objeto atrativo, sendo essa uma relação direta com os indivíduos.

Os prazeres que um produto causa a uma pessoa, para Jordan (2000), podem ter vantagens práticas, emocionais ou imediatas. Falar de prazer é um conceito alusivo, pois se trata de uma característica externa à pessoa e ao produto.

Ter como ponto principal o modelo proposto por Jordan (2000) não é só entender o sentir prazer, mas sim saber lidar com ele como um instrumento. Os designers, partindo dos quatro tipos de prazeres, podem entender e utilizar melhor essa técnica em seus projetos.

O **prazer fisiológico** é proveniente dos sentidos humanos: olfato, visão, tato, audição e paladar, sendo possível incluir aqui o prazer da sensualidade. Por exemplo, uma mulher com unhas longas poderia sentir dificuldade ao utilizar um telefone de teclas pequenas, da mesma forma que seria desconfortável retirar lentes de contato; nesses casos, há a relação de conforto (Jordan, 2000).

Falar da relação de prazer entre pessoas é tratar do **prazer social**, aquele que envolve os serviços e os produtos que são consumidos pelo *status* que provocam, abrangendo a imagem pessoal e também social nas relações e interações humanas. Estar junto às pessoas que amamos, em *shows*, jogos de futebol ou apenas conversando, gera o tipo de prazer que pode causar a sensação de *status* ou *glamour*.

No **prazer psicológico**, relacionamos as reações de conhecimento e as emoções aos objetos de fácil utilização. Esse tipo também se refere aos prazeres oriundos da mente, como concluir uma tarefa desejada ou ter a sensação de relaxamento ou excitação. Se existisse um aplicativo que corrigisse os textos automaticamente ou tornasse a formatação mais ágil, por exemplo, ele proporcionaria um estado de prazer maior do que um que não apresenta essas funções. As pessoas práticas preferem um design racional; já as fantasiosas ou criativas vão pelo lado emocional. Nesse tipo de prazer, destacam-se também o estresse e a procura pela redução por meio de algo que proporcione prazer e traga sucesso.

Quanto ao **prazer ideológico**, é o que diz respeito aos gostos, às morais e aos desejos sociais, sendo decorrente da cultura de cada pessoa ou de valores e crenças que ela segue. Com relação aos produtos, o prazer ideológico está ligado à estética, ou seja, se são atrativos ou não, e aos valores que representam, por meio das artes, da música, dos livros etc. Como exemplo, podemos citar produtos adquiridos em uma feira orgânica ou de consciência sustentável, em que se verifica o valor ideológico dos consumidores. Para alguns, é possível falar também em decência ou liderança moral e responsabilidade social.

Os quatro prazeres são utilizados com o objetivo de compreender as vantagens que um produto proporciona ao usuário, pois, para obter sua satisfação, é necessário entender sua personalidade e as possibilidades de uso de determinados objetos, bem como o que esses objetos provocam, como as emoções.

Jordan (2000) ainda desenvolveu o PPA, um teste que mostra como a personalidade é uma propriedade intrínseca da experiência com produtos e como ela está presente no ciclo de vida deles. O PPA considera se o conceito desenvolvido para certo produto tem ou vai apresentar personalidade, pois as pessoas almejam qualidades humanas nos objeto. Ao desenvolver esse teste, o autor percebeu que a personalidade do produto pode estar relacionada ao design emocional, pois, por meio dele, foi possível observar que diferentes tipos de pessoas conferem características distintas aos mesmos objetos.

As pessoas se apegam aos objetos, e não apenas os usam. Existe um tipo de sentimento, seja de alegria, seja de frustação, seja de aborrecimento, que esses objetos despertam, não apenas por sua boa forma, pelo uso de um material adequado em sua composição ou por apresentarem funções mecânicas surpreendentes, mas por representarem uma questão sentimental, simbólica e social.

Hoje, os designers pesquisam mais a fundo o design emocional, objetivando compreender essas emoções que os produtos podem causar nos indivíduos para projetar produtos que as transmitam. Essa relação surge como uma nova predisposição das pessoas de utilizar produtos pelas experiências que adquirem, projetando suas emoções nos objetos.

Nesse sentido, o prazer é entendido como uma necessidade que se sobrepõe à funcionalidade e à usabilidade, pontos que antes eram tão importantes no momento de geração de conceitos em projetos.

Para Jordan (2000), as pessoas estão cada vez mais buscando o prazer com os produtos que adquirem, os quais correspondem à expectativa. Toda essa busca faz parte da incessante necessidade humana de obter prazer, que pode ocorrer até mesmo pela realização de atividades simples, como sentir o calor do sol ou ficar em contato com a natureza.

Esse contexto, trouxe outros profissionais para auxiliar o trabalho dos designers: profissionais especializados nos fatores humanos, que estudam o ser humano e sua relação com o ambiente, a organização e o trabalho.

Jordan (2000) ressalta, porém, que se uma pessoa decide que um produto não atende às suas necessidades e faz dessa opinião um julgamento de oposição, dificilmente algo a fará mudar de ideia, em razão do fator emocional provocado no primeiro momento de contato, em que os valores funcionais pouco importarão.

As pessoas, ao terem os primeiros contatos com os produtos, levam em consideração alguns pontos importantes: a visibilidade, pois, se as funções estiverem visíveis, o produto terá mais possibilidade de chamar atenção; a lógica, ligada ao acordo comum das pessoas quanto às ações e às possíveis consequências que podem causar; e a cultura, quando algo que será usado é aprendido não só por uma pessoa, mas pela sociedade, como parar ao sinal vermelho.

3.2 Como Pieter Desmet trouxe o design e a emoção para a avaliação de produtos

Pieter Desmet é professor na Faculdade de Design Industrial da Universidade de Delft na Holanda e presidente de um grupo de pesquisa sobre design pela emoção e pelo bem-estar, além de autor de mais de 200 artigos, periódicos e livros sobre o design guiado pela experiência.

A paixão pela relação entre as pessoas e o design o fez desenvolver instrumentos e teorias para medir as emoções do usuário em relação aos produtos. Em 2002, criou a *appraisal theory*, ou "teoria da avaliação", um modelo para entender a relação existente entre a emoção, as pessoas, os produtos e o bem-estar. Essa teoria relaciona a representação de um estímulo ao bem-estar de uma pessoa: estímulos examinados como colaboradores do bem-estar despertam emoções de prazer; já aqueles que provocam ameaças ou de alguma forma são prejudiciais podem causar emoções de descontentamento. Como exemplo, podemos citar uma pessoa que faria uma palestra; com antecedência, ela testou todos os equipamentos necessários, mas, no momento em que todos estavam acomodados e aguardando o início da apresentação, o apontador de *slide* não funcionou. A reação emocional, nesse caso, provavelmente foi de vergonha e raiva, pois prejudicou um momento importante.

Ao relacionar as emoções à situação de causalidade, os profissionais da área podem evitar projetar produtos que despertem emoções contrárias, pensando também no tipo de emoção que seu projeto deve passar depois de pronto. Isso pode ser feito por meio de análise das avaliações dos usuários sobre os produtos, o que permite entender quais emoções eles sentem e, com isso, projetar levando em consideração os pontos elucidados.

Desmet e Hekkert (2002) afirmam que pode ser difícil transpor as informações dos usuários para os produtos, mas os profissionais devem compreender, além dos aspectos emocionais, a teoria e a prática, a fim de que o bom desempenho do produto final seja favorecido.

De acordo com a teoria das avaliação, a compreensão dos usuários precisa ser conhecida bem antes de se projetar, pois quando tal compreensão é superficial, pode remeter apenas ao uso, quando, na realidade, deve abranger também o bem-estar e a felicidade.

As emoções atingem a memória, a atenção, a percepção, o aprendizado e o comportamento, influenciando a decisão de compra. De acordo com Tonetto e Costa (2011, p. 137),

> Em termos projetuais, o designer poderia iniciar elencando que emoção deseja como resultado de seu projeto. Através de uma investigação direta com usuários, deveria compreender os motivos/avaliações (*appraisals*) que despertam tal emoção para, então, projetar considerando os elementos comumente associados ao *appraisal* pretendido.
>
> De todas as formas de se entender essas avaliações, o modelo conhecido como componencial foi avaliado [...] como o mais adequado para o design, na medida em que possibilita uma compreensão mais pontual sobre os componentes/origens das emoções resultantes. Essas avaliações são descritas em termos de diversos componentes, cada um relacionado a um aspecto particular de uma situação [...]. Demir et al. (2009), em uma revisão de literatura, sugeriu que sete componentes seriam relevantes para serem avaliados em suas relações com a experiência como produto.

Os sete componentes sugeridos por Demir (citado por Tonetto; Costa, 2011) são: (1) consistência do motivo, (2) prazer intrínseco, (3) confirmação das expectativas, (4) agência, (5) conformidade com padrões, (6) certeza e (7) potencial de *coping*, os quais estudamos no Capítulo 1. Para cada componente, é realizada uma pergunta de análise com o objetivo de se obter uma melhor compreensão do usuário e de suas pretensões com relação aos produtos a serem projetados, sendo possível conhecer mais sobre como as emoções se comportam e são provocadas e, assim, apresentar soluções mais desejáveis.

Como explica Desmet (2003), ainda se sabe pouco sobre a relação emocional das pessoas com os produtos e quais contatos agem sobre os sentimentos. Ainda não há uma definição completa dos aspectos afetivos que envolvem humor, sentimentos, emoções, mesmo sendo estudados por diversos profissionais, como antropólogos e psicólogos, e não há um acordo quanto a esses aspectos emocionais. E, para os designers, não poderia ser diferente. Há uma busca constante e árdua para se tentar projetar algo que atinja um patamar de satisfação favorável e que encontre essa relação entre design, emoção, produtos e usuários.

Desmet e Hekkert (2007) estudaram um modelo em formato de círculo, denominado *core effect*, que classifica adjetivos ligados às emoções de modo bipolar, mostrando sentimentos opostos, como tédio e excitação, e concluíram que as pessoas apresentam dois extremos relacionados às emoções ou às expectativas afetivas, ou seja, a níveis de humor distintos.

Xavier (2013), ao avaliar o estado emocional, classifica as emoções em verbais e não verbais. Nas emoções verbais, os usuários falam o que sentem por meio de palavras ditas ou escritas, por exemplo, "Hoje estou feliz". Já as emoções não verbais podem ser mais difíceis de expressar, pois são subjetivas e sofrem interferências de questões culturais e sociais. Nesses casos, é possível utilizar uma avaliação por meio de símbolos, na qual os usuários escolhem desenhos que melhor expressem o sentimento e a emoção sentida, seguindo uma escala de sentimentos, como valência, excitação e controle. Segundo o autor, para a valência, podemos encontrar sentimentos como satisfação ou insatisfação; para a excitação, o estar relaxado ou excitado; para o controle, podemos citar o descontrole e o estar centrado em alguma situação vivenciada (Xavier, 2013).

3.3 Donald Norman e os produtos que fazem parte de nosso dia a dia

Donald Arthur Norman é professor emérito de Ciência Cognitiva na Universidade da Califórnia e professor de Ciência da Computação na Universidade de Northwestern, mas suas pesquisas atuais são na área de engenharia da usabilidade. Ele é autor do livro *Emotional Design: Why We Love (or Hate) Everyday Things* (2004), também publicado no Brasil com o título *Design emocional: por que adoramos (ou detestamos) os objetos do dia a dia*, que se volta para os estudos das emoções e de sua relação com os produtos, classificando os processamentos emocionais por níveis.

Segundo Norman (2004), as emoções atuam através de substâncias químicas que ocupam pontos no cérebro e se tornam inseparáveis do conhecimento, fazendo julgamentos do que é bom e do que é ruim, formando as opiniões.

Quando o sentimento é desconhecido, chama-se *afeto*, quando é conhecido, *emoção*; o afeto é um conjunto de julgamentos conscientes ou inconscientes, e a emoção é a vivência real do afeto (Norman, 2004).

Para Norman (2004), os humanos são os seres mais difíceis de compreender, e suas emoções devem ser classificadas por níveis de processamento, que são o visceral, o comportamental e o reflexivo, os quais foram descritos no Capítulo 2. Esse tema é abordado em um dos capítulos de seu referido livro, que trata do design das situações cotidianas e de como podemos tornar mais atrativa a conexão entre os produtos e as pessoas.

Em seu livro, Norman (2004) interpreta o modelo dos quatro tipos de prazeres propostos por Jordan (2000) com base em sua classificação dos três níveis de processamento. Os níveis visceral e comportamental ajustam-se ao prazer físico em vários pontos; os níveis comportamental e reflexivo assemelham-se ao prazer social; no prazer psíquico, encontramos aspectos do nível comportamental; e no prazer ideológico, o nível reflexivo é contemplado.

Segundo Iida, Barros e Sarmet (2007), existe uma relação entre as funções dos produtos propostas por Löbach (2001) e os níveis de design de Norman (2004). A função estética pode ser relacionada ao design visceral; a função prática, ao design comportamental; e a função simbólica, ao design reflexivo.

Com relação ao usuário-produto proposto por Löbach (2001), que classifica os produtos como: de consumo, de uso 1, de uso 2 e de uso 3, também há uma possível relação com os níveis descritos por Norman (2004). Para Scolari (2008), o design visceral liga-se à classe de produtos de consumo; o design reflexivo, aos produtos de uso 1; e o design comportamental, aos produtos de uso 2. A classe de produtos de uso 3, segundo o autor, não se relaciona aos níveis de Norman (2004), pois nessa classe não há contato com o produto (Scolari, 2008).

Desmet e Hekkert (2002) apresentam três classes a partir do modelo das emoções por meio de produtos e pode-se encontrar uma relação com os níveis descritos por Norman (2004). Segundo Scolari (2008), o design visceral faz relação com produtos como objetos; o design comportamental, com produtos como agentes, e o design reflexivo, com produtos como eventos.

Nesse mesmo modelo descrito por Desmet e Hekkert (2002), é possível fazer uma combinação com o modelo de multimarcas de Desmet (2003) e as cinco classes de emoções (instrumentais, estéticas, sociais, de surpresa e de interesse). As emoções estéticas estão ligadas ao produto como objeto; as emoções sociais, aos produtos como agentes; e as instrumentais, aos produtos como evento. De acordo com Scolari (2008), as emoções de interesse e de surpresa não têm relação direta, pois os produtos se configuram pelo meio em que estão inseridos.

Essas reflexões sobre os modelos descritos e seus paralelos permitem entender mais fortemente a relação direta que existe entre as emoções, o produto e o usuário.

O indivíduo em uma situação interação com certo produto demonstra emoções, as quais, com seus elementos de conhecimento e físicos, apresentam-se como indutoras dessa interação no espaço social.

As pessoas podem interpretar os níveis de diferentes formas, e cada nível realiza uma função distinta no funcionamento. Relacionando esse entendimento aos produtos, um projeto, para ter sucesso, deve atingir os três níveis, ou seja, se fizer o que é proposto quanto à função e for de fácil compreensão, será utilizável.

Um produto deve atender às necessidades do usuário e do projetista, seja ele fabricado em grande escala, seja ele uma peça exclusiva. Deve cumprir as funções descritas e apresentar características individuais para usuários de diferentes classes e grupos sociais.

Segundo Norman e Draper (1986), os objetos têm ligação direta com a cultura e a sociedade em que estão inseridos, refletindo seus pontos históricos, culturais, econômicos e políticos e estando presentes na vida de cada indivíduo.

Com a Revolução Industrial, surgiu a fabricação de produtos em série, a mecanização da produção e a diminuição da mão de obra. Considerando esse contexto, podemos fazer um paralelo entre a qualidade dos produtos e o design emocional. Os profissionais, naquele momento, não se preocupavam com os sentimentos e as emoções que os artefatos provocariam nos usuários, nem se atentavam ao fato de que objetos podiam provocar emoções de diferentes formas e níveis.

Essa característica herdada da produção industrial fez com que Norman (2004) afirmasse que os designers não procuravam entender o que os usuários esperavam dos produtos. Se existisse uma visão geral das pessoas, já seria possível chegar a um nível de conhecimento e realizar seus projetos. Hoje, essa prática não deve ser pautada, pois cada pessoa tem sentimentos e ideias diferentes, gosta e deseja produtos diversos e com funções distintas.

Todos os modelos analisados e propostos pelos autores mostram, mais uma vez, que o design de produtos contempla emoções sincronicamente baseadas em suas características. Cabe ao designer realizar essa correspondência no momento da realização de seus projetos, sempre ponderando a interação e o contexto social em que o usuário está inserido.

As pessoas, por meio das emoções, formam conceitos de funcionalidade, atenção, percepção, e esse conjunto de emoções distintas interfere na tomada de decisão. A escolha por um produto está relacionada às qualidades que ele apresenta, e as emoções, nesse momento, estão presentes tanto nas cores que ele apresenta como opções de escolha quanto em características como tamanho, formato ou material.

É nesse momento que a agradabilidade se destaca e faz com que o indivíduo julgue de maneira positiva ou negativa a usabilidade e a utilidade do produto. A qualidade das emoções afetivas transmitidas pelo objeto pode causar mudanças no momento de escolha entre produtos similares.

3.4 User experience e design de produtos e serviços

O termo *experiência do usuário* (do inglês *user experience* – UX) foi criado por Donald Norman, em 1995, e estabelece relação com diversas áreas do design e a experiência com o usuário, desde o primeiro contato com um serviço ou produto, passando pelo design e pelo *branding*, até os estágios finais, como funcionalidade e usabilidade.

Nessa relação entre usuário e produto, está o lado emocional, como sensações de agradabilidade e satisfação, e tal relação de contato emocional pode ocorrer desde o conhecimento da marca do produto até a aquisição deste.

Segundo Norman (2006), é importante estabelecer a diferença entre *user interface* (UI) e UX. A UI diz respeito à interface tecnológica, ponto importante nas etapas do design, o fazer acontecer, no qual a usabilidade também é relevante. Já a UX abrange outros pontos relacionados ao design, como a emoção, e outras disciplinas, e se refere a tudo relacionado à experiência com o produto, inclusive o falar sobre ele.

O autor ainda afirma que existem três pontos para se alcançar o sucesso comercial: (1) *marketing*, (2) experiência do usuário e (3) tecnologia, sendo todos importantes e responsáveis quanto à satisfação do usuário (Norman, 2006).

Norman (2004) preconiza que essa experiência do usuário ajuda na composição final de um produto, em sua forma e em seu comportamento, esclarecendo a consistência e estando de acordo com todas as etapas que compõem o método do design.

Desmet e Hekkert (2007) afirmam que a UX acontece por meio dos atributos do usuário, entre eles o conhecimento adquirido, sua personalidade e a cultura, juntamente às características do produto, como cor, material, forma e texturas; e o lado emocional aparece na interação com o produto.

Mesmo que empresas e indústrias fabriquem grandes produtos e/ou projetos, se não existir essa preocupação com a experiência do usuário, não haverá resultados satisfatórios. É nesse momento que o design passa a ser uma peça fundamental dentro da empresa, contribuindo com sua experiência acadêmica e aplicando seus conceitos e métodos.

Ao realizar avaliações de experiência, é possível descrever detalhadamente as necessidades dos usuários e alcançar, com isso, o objetivo proposto ou, até mesmo, modificar algum ponto do projeto que seja importante para alcançar essa relação entre produto e usuário.

Para que seja possível essa evolução das empresas com a utilização das experiências com o usuário, Spool (2014) aponta cinco níveis que marcam o pensamento em UX:

- **Primeiro nível** – A empresa preocupa-se pouco com essa experiência entre usuário e produto no momento da fabricação, priorizando apenas a funcionalidade, sem entender que o design também influencia o produto final.
- **Segundo nível** – A empresa realiza melhorias na experiência, mas só as aplica em determinado produto, mostrando que houve alguma modificação. Nesse nível, os responsáveis pelo projeto podem não ter passado seu conhecimento a todos da empresa e, nesse momento, o projeto fica restrito por não existir o compartilhamento total.
- **Terceiro nível** – Os diretores ou responsáveis pelo processo produtivo percebem erros nos produtos e a necessidade de incluir a experiência do usuário nas etapas do projeto. O que antes era visto ao término do projeto, nesse nível começa a ser pontuado no início.
- **Quarto nível** – A empresa nota a necessidade de incluir no corpo de funcionários especialistas na área, entendendo que a parceria é de grande valia para trazer resultados satisfatórios. O que antes seria uma despesa a mais para a empresa

passa a ser entendido como investimento, pois os produtos serão mais bem estruturados e produzidos, pensando-se na relação com o usuário.

- **Quinto nível** – A empresa, ao adotar esse especialista na área como peça fundamental, começa a implantar a técnica em todos os processos e produtos que fabrica. Essa experiência envolverá não só o usuário e o produto, mas também aqueles que o projetam e fazem parte do processo de fabricação. Essa experiência envolve investimento, mas, nesse momento, não é visto mais como algo que apenas integra o bem após a fabricação, como usabilidade, pois passa a englobar também a interação com a sociedade.

Com a análise dos cinco níveis, as experiências na relação com o usuário podem ser entendidas em duas dimensões: (1) ativa e (2) passiva. A **relação ativa** compreende a participação do cliente, em que o desempenho torna-se importante para o sucesso, gerando experiências. Na **relação passiva**, os usuários não entram nesse processo de experiências e não mudam nem afetam o desempenho geral e final, sendo apenas observadores de todos os processos, que envolvem desde a concepção até a fabricação e a produção final.

Segundo Hassenzahl (2021), ainda é complexo traçar essa experiência do usuário, na qual o que pode ser feito é pensar em um serviço ou objeto que proporcione algo satisfatório a ele. No entanto, o autor ressalva que muitas empresas ainda se negam a implantar tal processo e, quando o fazem, é de maneira errônea, sem pesquisar e estudar o suficiente sobre o assunto ou sem buscar ajuda de especialistas na área.

O autor ainda afirma que, de acordo com a ISO 9241-210, a experiência do usuário com o produto abrange as percepções e as respostas dele no uso do produto ou serviço. Entretanto, apresenta-se de forma vaga e aberta, podendo servir a qualquer situação (Hassenzahl, 2021).

É importante pensar que a eficiência ocupa uma dimensão importante no uso de um produto ou serviço, podendo ser avaliada da mesma forma que outros dados, por meio do número de erros e tempo da tarefa realizada, por exemplo.

Nesse sentido, Hassenzahl (2021) destaca três dimensões da **UX**. A **primeira dimensão** é constituída por emoções, percepções, respostas físicas, preferências, realizações e crenças do usuário, seu lado psicológico. Na **segunda dimensão**, incluem-se a marca e a imagem do produto como aspectos que interferem na experiência do usuário em alguma medida, seja pelo desempenho, seja pela funcionalidade, seja pela apresentação, afetando o lado psicológico do usuário. Na **terceira dimensão**, a usabilidade é relacionada à experiência, enfatizando os aspectos pessoais do indivíduo e seu lado emocional.

Isso revela mais uma vez que a experiência do usuário envolve diversos pontos que devem ser ponderados no momento da realização de um projeto, desde a geração de conceitos até a percepção final do usuário.

Projetar pensando na experiência do usuário não é uma atividade atual. Ela teve início desde os conceitos fundamentais de design. A busca por novas tecnologias e novos modos de fabricação de produtos é constante, desencadeando preocupações e questionamentos quanto às necessidades e aos desejos dos usuários por produtos que proporcionem satisfação (Kurtgözü, 2003).

As estratégias do design mostram que o projeto e sua constante evolução interferem no pensar das diversas culturas existentes e em suas posições diante do mercado, direcionando profissionais, como os designers, a criar processos e modelos computacionais que executem a avaliação das experiências dos usuários com os produtos.

Esses modelos surgem para auxiliar o processo de desenvolvimento dos projetos, e muitos pesquisadores passam a analisar o comportamento dos usuários e suas emoções separadamente, mostrando que estas também necessitam de novas tecnologias de pesquisa e análise para que se tornem viáveis e aplicáveis (Xavier, 2013).

No Brasil, ainda existe uma quantidade reduzida de profissionais habilitados nessa área, mesmo sendo um campo em crescimento. Poucos cursos de capacitação são ofertados para que as pesquisas sobre UX no design sejam intensificadas, restando apenas as experiências compartilhadas por pesquisadores em publicações acadêmicas, as quais servem como suporte aos profissionais que desejam buscar conhecimentos e aumentar seu nível de qualificação sobre o assunto.

Estudos sobre usabilidade surgem como uma necessidade de planejar e criar novos experimentos que sirvam de modelo para a aplicação da avaliação das experiências com o usuário. Segundo Tullis e Albert (2008), as pesquisas devem centralizar-se nas principais tarefas das variáveis de elaboração do projeto, considerando sempre o tempo utilizado, as ferramentas e a análise dos dados.

Ainda de acordo com os autores, os profissionais de design devem ter uma visão global da UX para obter soluções, uma vez que essas ferramentas estão em ascensão, surgindo, agora, uma nova categoria: o design de experiências, em que os profissionais entendem o público-alvo de modo a obter as necessidades reais, e não apenas suposições de como os indivíduos reagem ao uso dos produtos.

Shedroff (2003) explica que esses profissionais podem compreender os desejos dos usuários, além de questões importantes e básicas do projeto, como rentabilidade e sustentabilidade, pontos de enfoque nos dias atuais.

A sustentabilidade, por exemplo, não aparece como o reciclar ou o reaproveitar. Ela surge como ponto de consciência, de modo a incentivar a sociedade a colocá-la em prática, desde os produtos que adquirem até seu descarte correto, visto que muitos apresentam materiais e componentes prejudiciais às pessoas e ao meio ambiente.

Ainda falando sobre o termo *usabilidade*, antes entendido como as formas de utilização dos produtos, nos modelos adotados como referência, a usabilidade surge com uma nova classificação, sendo vista como ponto de avaliação no processo de UX. Assim, ela também deve ser desenvolvida e avaliada para analisar as propriedades e as tarefas dos usuários e do público-alvo a que é direcionada.

De acordo com Macedo (2014), no Brasil, a indústria de eletrodomésticos é dividida em duas seções ligadas à experiência dos usuários: (1) a que vem desde a parte histórica dos produtos e (2) a que se preocupa com a tecnologia utilizada até a sua evolução.

É possível observar que, quando a autora cita como exemplo o uso dos eletrodomésticos em pesquisas de UX, ela quis expor que os produtos são utilizados por estímulos interligados e direcionados aos usuários. Envolve a qualidade e o diferencial de empresas concorrentes e a quantidade de empresas e indústrias que surgem, o que pode aumentar a procura por profissionais habilitados a realizar os projetos.

Para se trabalhar com UX, são requeridas algumas habilidades de comunicação e trabalho em equipe. Entre elas, destacam-se: designers em outros cargos, desenvolvedores e programadores, *marketing* e vendas, diretores de empresas, gerentes de projeto, usuários de produto e investidores.

Quanto aos pontos referentes à comunicação, temos a capacidade de expor claramente as ideias, apresentar os projetos e os relatórios por meio de uma exposição, realizar boa entrevista, saber autopromover-se para capitar novos clientes, ter um bom relacionamento com os demais componentes da equipe, ser ágil ao desenvolver os projetos e, com isso, diminuir os erros de comunicação.

Existem vários tipos de plataformas e tecnologias utilizadas para desenvolver as técnicas de UX. Unger e Chandler (2009) pontuam alguns temas para aperfeiçoar a experiência do usuário, são eles:

- **Marca** – Pensar sobre a importância da marca, a força que apresenta, por meio de *sites* ou plataformas digitais chamadas *modelos de negócio* e criadas para facilitar o relacionamento entre a empresa e os usuários ou interessados pelos serviços ou produtos.
- **Campanha de *marketing*** – Focar em um *site* ou uma plataforma que estimule as respostas e possa pontuar por determinado tempo.
- **Conteúdo** – Construir um banco de dados ou uma fonte de informações composta de diversos tipos de mídia, como documentos, vídeos, artigos ou tutoriais, com o propósito de unir e capacitar usuários chamando sua atenção para algo.
- **Uso baseado em tarefas** – Desenvolver ferramentas que auxiliem usuários nas tarefas ou na quantidade de tarefas.

Nesse sentido, os profissionais do design UX, por meio dos modelos expostos, aparecem para criar produtos que atendam a todos os tipos de pessoas, independentemente dos gostos, analisando o comportamento dos consumidores para proporcionar-lhes emoções positivas.

3.5 Outras abordagens em design emocional

Como já destacamos neste livro, o design emocional surgiu com maior repercussão na década de 1990 e tinha o propósito de qualificar os projetos ao enfocar a emoção. Com o passar do tempo, surgiram inúmeras pesquisas sobre o assunto e diversos autores criaram modelos de estudo e aplicação de técnicas que ajudassem na interação entre produto e usuário.

Muitas abordagens já foram tratadas nos tópicos anteriores, com as quais foi possível trilhar alguns caminhos para a implantação de metodologias que nos fizessem compreender a teoria e a prática.

Vimos também, nessas abordagens, que o prazer como forma de análise pelo usuário quanto ao produto adquirido deve estar presente não só no modelo, mas também como uma preocupação antecipada dos profissionais que realizam os projetos e das empresas que os produzem.

Essa preocupação antecipada em atender às necessidades dos usuários faz com que haja atenção ao estado emocional transmitido pelo objeto e à agradabilidade que causa nos indivíduos.

A partir do momento em que identificamos os sentimentos que o objeto transmite e as emoções que os usuários sentem desde o momento que desejam tal produto, sabemos projetar de uma nova forma, com um novo propósito, que envolve não só o lado lucrativo, mas também toda uma cultura e a sociedade em que as pessoas estão inseridas.

Essa relação existente entre o designer e o ser humano é uma troca de experiências constantes, seja pela aplicação de métodos, seja pelas pesquisas acadêmicas, seja pelas empresas, e permite que esses profissionais se aprofundem em fatores que o fazem desenvolver produtos de uma forma mais ampla, projetados com base na **tríade do design**: estrutura, forma e função.

Algumas abordagens começaram a ser implantadas e testadas pelos designers nas etapas metodológicas, como realização de um bom *briefing*, construção de painéis semânticos e de inspiração, mapas de ideias, empatias e jornadas, personas. Essas etapas ajudam a desvendar sentimentos e desejos dos usuários, de modo a alcançar a usabilidade e a satisfação dos usuários.

Não podemos nos esquecer dos programas computacionais como Photoshop, Ilustrator, V-Ray, Sketchup, entre outros, que atuam como ferramenta de auxílio no momento de fornecer um resultado mais satisfatório e preciso, além de proporcionar ao cliente um projeto detalhado e atrativo.

Com as novas preocupações e os novos propósitos, surgiram cargos para suprir tais necessidades, sendo possível destacar o designer de experiências, especialista em fatores humanos, e o designer de serviços, que tem como foco a relação com o usuário.

Os desafios encontrados pelos profissionais de diversas áreas no que se refere às experiências com os usuários fizeram surgir uma corrente filosófica, a **fenomenologia**, que une o design à experiência estética, intencional e afetiva entre indivíduo e seu corpo no universo ao qual faz parte, sabendo-se que os objetos e os instrumentos em nosso ambiente social e físico estão interligados ao conhecimento e à percepção.

Vivenciamos um momento novo, tecnológico, que modifica a forma de pensar e agir tanto no âmbito pessoal quanto no profissional. O mundo, agora, também é visto pela ótica virtual, com as pessoas conectando-se umas às outras por meio de produtos e ferramentas digitais, como celular, *smart* TV, relógios funcionais etc.

Atualmente, há roupas fabricadas com materiais sustentáveis, casas com tecnologias de automação, cidades totalmente envoltas por sistemas operacionais e empresas que facilitam a transmissão da internet por fibra ótica. O mundo tornou-se digital e virtual. Estamos cercados por dispositivos digitais que permitem a realização de transações bancárias, de compras *on-line* e, até mesmo, de encontros e experiências íntimas com outras pessoas. Toda essa modernidade nos fez mergulhar em um mundo pós-humano, ligado a sistemas contínuos de informação.

Nosso corpo também começou a se adaptar a dispositivos, de modo que hoje é possível realizar consultas médicas virtuais, aferir a pressão arterial ou quantificar os batimentos cardíacos no conforto de nossa casa por meio de sensores de um relógio de pulso que interpretam as informações recebidas.

Muitos estudiosos afirmam que os conceitos de mente e de corpo estão se estendendo e em ascensão e definem que o meio ambiente interfere ativamente nos processos de conhecimento, bem como nos sentimentos que desenvolvemos diante de toda essa tecnologia, sendo eles satisfatórios ou não, alegres ou tristes, confusos ou ansiosos.

Também é possível encontrar o design emocional na tecnologia e nas atividades cognitivas. Um *smartphone* é tão importante quanto o hipocampo quando se fala em memória, e o andar pelas ruas da cidade ficou mais rápido e prático em razão de aparelhos GPS.

A partir do momento que utilizamos essa tecnologia em nosso dia a dia de modo constante e automático, criamos hábitos que nos tornam, muitas vezes, dependentes desses dispositivos.

O conceito de **mente estendida** é interpretado por Pires (2017) como o fato de todas as informações recebidas pelos meios digitais penetrarem na mente das pessoas e ficarem armazenadas da mesma forma que as lembranças de infância. Algo que antes parecia distante, hoje se mostra rápido, prático e automático, agindo de maneira intuitiva e indutiva. As atividades, tanto as simples quanto as complexas, que antes eram cansativas e difíceis, hoje são mais fáceis, poupando-nos esforços e tempo.

Ainda falando em sentimentos, o design emocional e a tecnologia estão muito presentes nas redes sociais, nas quais a mente estendida se torna uma extensão social, em que, hoje, esses sentimentos são supridos por aplicativos de celulares ou *sites* de relacionamentos.

A interação homem e máquina tomou outra proporção, a social, em que a mente, por meio da tecnologia, evolui e nos liga ao mundo, fazendo-nos sentir novas emoções e transmitir e trocar sentimentos.

O design *thinking* surge como uma nova abordagem e uma nova técnica de design que enfoca os processos de desenvolvimento. Tal técnica consiste em analisar as experiências dos usuários como consumidores sob um novo olhar que possa tornar os produtos atraentes e funcionais. É uma técnica criada por Tim Brown, no Vale do Silício, juntamente a David Kelley, professor na Escola de Design em Stanford, que visa aplicar conceitos acadêmicos centrados nos indivíduos (Pires, 2017).

Por meio da técnica do design *thinking*, é possível encontrar soluções rápidas, traçar o perfil do usuário, observar seu comportamento e suas expectativas, mergulhar em seu cotidiano, vivenciar suas atividades, observar suas ações e entender suas emoções.

Nesse sentido, podemos falar sobre empatia, que é o compreender o outro e o que ele sente de forma objetiva. Os designers podem utilizar técnicas para categorizar e analisar novas estratégias de conhecimento e desenvolvimento de seus produtos, tendo como foco a empatia das pessoas ao os adquirirem.

O design *thinking* pode ser usado em três fases: (1) de inspiração, na qual se vivencia o problema; (2) durante a ideação, gerando e testando novas ideias; e (3) de implementação, quando o que foi idealizado no processo criativo é colocado em prática no mercado (Pires, 2017).

Outra abordagem em design emocional é o **design de hábitos**, que consiste no entendimento de que a sociedade é influenciada pelos hábitos e que as mudanças desses hábitos estão formalizadas no *loop* do hábito. Esse *loop* gera anseio no momento em que acontece a repetição. Anseios como aceitação, distração, alívio, informação e diversão são portadores de hábito. Para que ocorra a mudança, o autor cria uma regra que mantenha a mesma resposta que o hábito proporciona, mas insere uma nova rotina.

Impulsionando nossa vontade pelas experiências ao formar os hábitos, estamos definindo os valores na sociedade em que estamos inseridos e promovendo um futuro que tanto almejamos.

Para detectar a emoção, existem outras técnicas descritas por Pires (2017), como a computação emocional, que se trata da utilização de dispositivos para capturar as expressões da face, da voz e da temperatura corporal com o objetivo de deduzir os estados emocionais das pessoas. Contudo, em razão de os sensores serem programados para responder a estímulos de modo específico em algumas regiões do corpo, é um desafio detectá-las.

A psicologia positiva estuda a **felicidade** como uma das abordagens mais amplas, e a felicidade passou a ser considerada o estado de prosperidade da alma, unindo o mundo aos estados emocionais e físicos. Além disso, essa psicologia tem a felicidade como ação terapêutica ao tratar os pacientes, mostrando que eles podem mudar suas vidas e, dessa forma, não utilizar apenas a cura de distúrbios psicológicos.

Todavia, o design emocional tem as funções de construir emoções positivas e reduzir desconfortos ocorridos pelas negativas. Isso pode ser possível por meio de objetivos, e um deles é alcançar a felicidade dos usuários pelo produto. Buscar a felicidade e proporcionar o bem-estar é uma abordagem do **design positivo**, na qual o designer utiliza métodos e ferramentas para a obtenção da capacidade de compreensão dos usuários. O designer, assim, passa a ser uma figura facilitadora da felicidade humana, tratando suas emoções por meio dos produtos que desenvolve.

Hunter Bliss Images/Shutterstock

CAPÍTULO 4

TÉCNICAS PARA ENTENDER A RELAÇÃO ENTRE DESIGN, PRODUTO E USUÁRIO

Para entender a relação emocional entre design, produto e usuário, algumas técnicas devem ser aplicadas, seja no momento da compra, seja no pós-consumo. Neste capítulo, analisaremos algumas técnicas que envolvem o design e suas etapas – que vão desde o desenvolvimento do projeto até a implementação do produto no mercado –, relacionando-as ao design emocional.

4.1 Técnicas para entender a emoção do consumidor relacionada a produtos existentes

Ao falar em *consumidor*, remetemo-nos ao consumir e logo nos vem à mente o produto que foi ou será fabricado, os usuários que o utilizarão, a marca, a unção, o local de compra e o valor, ou seja, todos esses pontos fazem parte da composição do produto, desde seu processo de fabricação e idealização até sua fase final, a aquisição pelas pessoas.

Para que essa aceitação aconteça, como vimos no capítulo anterior, vários fatores devem ser considerados, e um deles é a emoção. Para falar em emoção voltada ao consumo e aos consumidores, é necessário mergulhar nas teorias que a envolvem, assim como na psicologia, que, interligada ao design, forma modelos e cria técnicas para obter respostas sobre esse campo tão comentado e que gera incógnitas, uma vez que envolve sentimentos humanos.

Existem diversas teorias sobre as emoções, e uma delas é o **comportamento do consumidor**, em que vários modelos cognitivos foram criados para estudar a satisfação que os produtos podem proporcionar, bem como a satisfação do consumo e da compra. Essas emoções envolvem sentimentos e, com eles, o afeto como resposta pelo seu contato, pela sua interação.

Contudo, os modelos de pesquisa desenvolvidos, segundo Nyer (1997), ainda não estabelecem uma precisão quanto à satisfação de pós-consumo, em razão de envolverem diferentes tipos de sentimentos, como prazer, felicidade ou raiva. Esses sentimentos podem ser manifestados de formas distintas e para cada pessoa.

Ahuvia (2005) também expressa esse questionamento quanto à quantificação dos sentimentos e das emoções liberadas pelas pessoas no uso ou na aquisição dos produtos. O autor afirma que não é possível explicar essas reações relacionadas às emoções de consumo, uma vez que sentimentos como culpa, vergonha ou raiva estão presentes em diversos momentos da vida dos indivíduos, e o consumo é um desses momentos.

As respostas afetivas ou emocionais não se limitam apenas a gostar ou não de algo, pois envolvem diversas emoções relacionadas à satisfação. As pessoas podem sentir-se felizes ao adquirir o carro que tanto almejam, mas, no dia a dia, ao utilizarem o veículo, podem notar que ele não atende a tudo o que era desejado e, nesse momento, os sentimentos que afloram podem ser de arrependimento, raiva ou tristeza por terem investido em algo que não alcançou a tão sonhada satisfação.

Em estudos da psicologia, há pesquisas voltadas à análise da **teoria cognitiva dos estados emocionais**, ou teoria das emoções, que buscou explicações sobre a origem desses sentimentos. Essa teoria fundamenta-se, principalmente, no fato de que o estado emocional envolve conhecimento e sua interpretação pode aparecer na forma real ou por um estado de espírito vivenciado que o indivíduo esteja passando em determinado momento, refletindo posteriormente em seu processo de julgamento (Bagozzi; Dholakia, 1999).

Kenrick, Ackerman e Ledlow (2006) apontam que, na teoria da psicologia cognitiva, quando se fala em emoção, percepção, conhecimento e comportamento individual, existem pressupostos da teoria evolucionista e que essas características podem ter surgido pelo processo de evolução do indivíduo. Ao estudar o consumidor e seu comportamento quanto às emoções, os autores explicam que essa teoria auxilia no entendimento de estímulos cerebrais que podem interferir em nossas decisões no ato de consumir.

Diante de diversas pesquisas relacionadas à emoção, definir um conceito final ainda não é possível. Levando-se em conta a teoria das emoções, o sentir ou não independe do querer do indivíduo. As emoções podem surgir como atos involuntários e, muitas vezes, não podem ser controladas, mas, paralelamente, algumas vezes, é possível evitar que elas aconteçam resguardando-se de situações que as provoquem (Hanoch, 2002).

As emoções podem agir como informação e direcionar a tomada de decisão em uma situação que seja importante; assim, ao se consumir, é possível prever um sentimento de repúdio ou satisfação (Hanoch, 2002).

O consumo engloba a satisfação de desejos, e o comportamento do consumidor envolve o momento da compra, sua decisão.

Esse processo de decisão é influenciado por uma propaganda da empresa, pelo *marketing* utilizado, pela marca do produto e pelas funções que podem ser desenvolvidas; é nesse momento que as emoções se fazem presentes e os sentimentos podem agir de maneira positiva ou negativa diante de alguma situação.

Segundo Schiffman e Kanuk (2000), essas emoções podem ser decididas pelo *marketing* adotado tanto no momento de divulgação do produto quanto nas estratégias de venda nas lojas. Os autores ainda afirmam que o *marketing* deve ser analisado como peça formadora de habilidade dentro de uma empresa no momento de obtenção da satisfação humana.

De acordo com Zaltman (2003), algumas características dos produtos, como função, forma, cor e textura, podem interferir na tomada de decisão, mas só representam uma pequena parcela do que faz com que os consumidores o procurem. Norman (2004) ainda acrescenta que os produtos representam mais que um objeto material, eles representam desejos, aspirações e envolvem sentimentos. Desse modo, os consumidores procuram determinados produtos pelo que eles podem provocar em suas vidas, pelos benefícios que podem realizar. Esses benefícios podem ser emocionais ou aparecer em seu contexto social quando envolvem a cultura e a sociedade em que estão inseridos e os valores de satisfação que podem provocar aos usuários. Essa afirmativa corrobora os pensamentos de que os indivíduos constroem símbolos e dão significados às suas vidas por aquilo que buscam.

Assim, voltamos para as teorias do design emocional, nas quais os profissionais devem preocupar-se em projetar produtos que não apenas supram as necessidades e cumpram as funções, mas também transmitam e despertem emoções (Tonetto; Costa, 2011).

Segundo Jordan (1999), a união entre o consumidor e o produto tem como resultado o prazer, o qual pode ser transmitido pelo produto; assim, cabe ao profissional do design aperfeiçoar seus projetos para a obtenção dos prazeres fisiológicos, sociais, psicológicos e ideológicos (os quatro prazeres elaborados por Jordan (1999) e já analisados neste livro).

Norman (2004) afirma que as emoções afetam o modo como as pessoas agem ou pensam e que, mesmo que um produto não seja tão atrativo ou tenha grande valor agregado, ele pode chamar a atenção de algumas pessoas e provocar sentimentos.

Hoje, a preocupação com o consumidor e a forma como lidam com os sentimentos relacionados aos produtos está tomando uma nova proporção, e as empresas começam a ver novas formas de desenvolver seus projetos. É nesse momento que conhecer os usuários e possíveis clientes torna-se uma peça-chave de obtenção de sucesso no momento da efetivação da compra dos produtos. Começa-se a se pensar também nos processos, nas etapas a serem cumpridas de outra forma, com um novo olhar, um olhar empreendedor, que trará um retorno diante do mercado competitivo.

Após conhecer os consumidores e as formas pelas quais é possível despertar emoções por meio dos produtos, precisamos entender os processos que rodeiam o momento da compra e que envolvem o comportamento dos indivíduos como consumidores.

No processo de compra, inicialmente, o consumidor observa se o produto atende às suas necessidades, que podem ser apenas de consumo ou reais, e resolve seus problemas. Depois, ele analisa as opções que o mercado oferece e, em seguida, surgem as emoções, quando o consumidor se sente atraído e os estímulos recebidos pelo cérebro fluem por seu corpo, momento em que emana o impulso da compra. Por fim, há o momento da interpretação dos estímulos, no qual é traçado um modelo de comportamento do consumidor com base na mente, que interfere no momento da efetivação da compra, com julgamentos positivos ou negativos sobre o produto desejado. Nesse momento, todo o trabalho empregado para projetar, seguir as etapas do método e gerar conceitos enfocando o usuário terá resultados positivos (Churchill Junior; Peter, 2010).

Todavia, estudar o comportamento do consumidor não consiste apenas em pensar nas pessoas, nos produtos ou nas empresas. Envolve algo bem maior: o modo como as pessoas procuram o produto, como o utilizam e descartam, os desejos e os sentimentos que abrangem todas essas etapas. Dessa forma, é possível perceber como as empresas e os diretores devem estar sempre em busca de evoluir e se aperfeiçoar, bem como capacitar seus profissionais quanto aos serviços oferecidos e às técnicas utilizadas para conhecer os possíveis clientes e como eles se comportam diante dos produtos.

4.2 Técnicas para explorar ideias e gerar alternativas

Para iniciar o estudo sobre geração de alternativas, devemos voltar o pensamento à criatividade e à inovação, pontos importantes e que fazem parte do processo de criação e exploração de novos conceitos.

Segundo Terra (2001), utilizando a **criatividade**, conseguimos aprender sobre os acertos e os erros, a fim de colocar em prática algo pensado. Além disso, ela permite que oportunidades surjam no mercado empresarial quando se fala em atingir a satisfação do cliente por meio dos produtos.

Criatividade é uma técnica de construção de ideias e conhecimento, podendo ser inovadora e gerar um conhecimento novo, atual. Quando há algum empecilho para a realização dessas ideias, os chamados *insights criativos* são aniquilados (Freitas Junior et al., 2013).

Na era do conhecimento, os indivíduos passaram a ser geradores de processos de criação e inovação, discutindo e compartilhando ideias e opiniões, criando novos pensamentos organizacionais baseados em respostas e *feedbacks* que ajudam nos resultados.

No final do século XX, com o crescimento do conhecimento humano, houve uma revolução da criatividade, resultado da disseminação da informação e da comunicação, o que colocou a emoção também como agente de informação. Nesse processo, a atividade do design surge como ferramenta de auxílio à inovação, em um universo competitivo e no qual precisamos nos aliar aos fatores agentes de sentimentos e emoções. O profissional do designer é considerado um ser dotado de emoção ao realizar seus projetos e agregar valores não só funcionais ou de utilidade aos produtos, tendo por diferencial a criatividade (Stein, 2004).

O designer usa a criatividade como ponto forte em seus processos de criação e geração de conceitos, nos quais busca encontrar prováveis problemas que possam surgir e conhecer o usuário, criando oportunidades de geração de conhecimentos mais elaborados com o uso de técnicas que auxiliam e estimulam esse processo criativo.

Weiner (2010) fala que o uso da criatividade rompe barreiras do conhecimento antes impostas pela sociedade, o que requer mudança de pensamentos e de ações. Assim, é preciso superar e enfrentar as mudanças sociais e emocionais por meio da criatividade.

Com criatividade é possível superar dificuldades em diversas áreas, como na economia, quando falamos de mercado, gerando novos produtos e, consequentemente, novos empregos e serviços. De acordo com Sternberg e Lubart (1999), as empresas devem estimular a criatividade de seus funcionários e combater a competitividade, sob pena de sofrerem uma queda mais acelerada caso não adotem tal postura.

O design e a criatividade recebem posições de destaque no mundo educacional e no âmbito empresarial, nos quais a busca por conhecimento e aperfeiçoamento torna profissionais capacitados e habilitados a encontrar soluções e a superar obstáculos (Weiner, 2010).

As organizações precisam abandonar a ideia de investimento apenas no aspecto tecnológico para estimulador resultados em um mercado, muitas vezes, incerto; a preocupação com o coletivo deve estar sempre presente, motivando trabalhos em grupo, de modo a gerar **inovação**.

No início do século XX, a inovação despertou discussões no campo dos negócios por ser um dos fatores fundamentais à obtenção de sucesso. As empresas precisaram avançar nos processos produtivos e, para isso, utilizaram a inovação e a criatividade como novo e eficiente modelo.

Alencar (1996) afirma que o termo *inovação* remete à novidade como meio de executar ideias que solucionem problemas; e que o sucesso é obtido com o processo de implementação da inovação. Empresas que buscam sucesso aperfeiçoam departamentos, equipes, funcionários e equipamentos e, com isso, buscam inovar cada mais vez para alcançar o que almejam.

Quando se inova, encontra-se um novo modelo de gestão, pois interesses são unidos, mais clientes são captados e valores são agregados, uma vez que houve troca: algo novo e aperfeiçoado foi oferecido e a satisfação do cliente foi recebida, o que pode ser constatado por ações e emoções (Teece, 2010).

A união de inovação e criatividade resulta, segundo Pinchot e Pellman (2004), em **empreendedorismo**, e ele surge quando as empresas implantam técnicas no setor produtivo e na equipe. Essa busca pelo sucesso faz com que as organizações almejem a rentabilidade, tão presente nos processos empreendedores (Pinchot; Pellman, 2004).

Entre as técnicas de criatividade, há a **geração de ideias**, na qual a criatividade é estimulada durante o processo de geração da inovação. Existem várias técnicas para incentivar a geração de ideias de maneira criatividade. Dorow (2013) considera a gestão de ideias o núcleo da gestão de inovação empresarial.

Para haver inovação, é preciso estimular ideias, a fim de colocar em prática a **geração de alternativas** e, nesse sentido, o uso de técnicas, desde as mais simples, como a entrega de blocos de papeis, *post-its* e canetas para os colaboradores escreverem ou desenharem algo novo, até as divergentes, desenvolvidas para a geração espontânea de ideias, é válido.

Entre as etapas metodológicas do design, a geração de alternativas marca a fase de **geração de conceitos**, na qual se deve analisar, selecionar e melhorar algo antes que o conceito seja finalizado e levado à produção. Nesse momento, os designers podem sentir a necessidade de técnicas para estimular seu processo criativo e o surgimento de novas ideias.

Ao tratar de geração de alternativas, é necessário considerar as etapas de desenvolvimento de um produto, bem como ponderar as tomadas de decisão, por exemplo, sobre o ciclo de vida dos produtos, ponto bastante importante nos dias atuais. A cada dia, novos produtos são lançados no mercado sem considerar seu descarte ideal nem os materiais utilizados no processo de fabricação, cabendo ao designer pensar em todos esses pontos no momento de desenvolvimento do projeto.

No processo de criação de alternativas e métodos de projeto, existem etapas intermediárias denominadas *intuitivas*, destinadas a estimular o processo criativo. Entre essas técnicas, podemos citar o *brainstorming*, o *brainwriting*, o mapa mental, o método 635, o método Delphi, o método sinético e o mescral. Há, ainda, as técnicas de método intuitivo sistemático, que apresentam uma sequência de acontecimentos, por exemplo: a matriz morfológica, a síntese funcional, a análise de valor, o *concept* design e o design emocional, que, como sabemos, analisa a relação de afeto entre o usuário e o produto para, assim, destacar-se entre os demais produtos do mercado (Ferroli; Librelotto, 2016). A seguir, vejamos algumas das técnicas ora citadas:

- **Brainstorming** – Pode ser usado em um processo de geração de alternativas que envolva um grupo de pessoas. O *brainstorming* destaca-se pela fluidez e consiste em uma chuva de ideias propostas por meio de palavras ou desenhos sobre um tema. No *brainstorming*, não há muitas regras, toda ideia é válida e a quantidade é mais interessante que a qualidade. Após esse processo, avaliam-se as ideias mais interessantes e criativas para a solução do problema proposto.
- **Mapa mental** – Funciona como um simplificador de ideias, no qual palavras-chave sobre o tema são selecionadas e desmembradas em outras palavras ou desenhos, criando, com isso, uma organização das ideias em diagramas, por exemplo. Essa técnica facilita a construção de conceitos, estimula a criatividade e pode solucionar problemas.
- **Brainwriting** – Ocorre em silêncio, com os participantes complementando as ideias uns dos outros, dando continuidade, por cerca de cinco minutos, às ideias que já foram colocadas anteriormente. Essa técnica favorece pessoas mais tímidas e, atualmente, é considerada mais eficiente que o *brainstorming*.

- *Scamper* – Recebe esse nome em razão dos verbos que compõem a técnica: substituir, combinar, adaptar, modificar, procurar, eliminar e rearrumar:
    » substituir componentes, partes, materiais e métodos no processo de fabricação ou algo voltado para a divulgação do produto;
    » combinar elementos que compõem produtos diferentes e que podem gerar um produto com características superiores àquelas que aparecem individualmente;
    » adaptar algum processo já existente para agregar outro valor e melhorar as funções ou tecnologias aplicadas;
    » modificar a função de um produto, algo no processo utilizado ou, até mesmo, formar parcerias com outras empresas, sem esquecer a valorização dos funcionários, que, desse modo, sentem-se estimulados a colaborar no processo produtivo, ponto em que encontramos características do design emocional;
    » procurar ou propor novos usos para um produto, buscando outras possibilidades para um serviço. Por exemplo, um tijolo de alvenaria deixa de ser parte estruturante de uma edificação para ser usado como parte de móvel, estante ou aparador, por exemplo;
    » eliminar ou simplificar elementos constituintes de um produto, facilitando seu uso ou retirando algo que não agrega valor;
    » rearrumar ou reorganizar partes de um produto, etapas no processo de fabricação ou etapas de serviço, por exemplo, a modificação no leiaute de produção de uma empresa, deixando seu processo mais eficiente e produtivo.

- **Matriz morfológica** – Procura explorar a resposta a um problema seguindo uma sequência, descobrindo e introduzindo, por meio de uma caixa ou quadro, as respostas, em que se vão fracionando os componentes e suas características, que possibilitarão o cruzamento de combinações e recombinações. Em um projeto, a caixa morfológica se enquadra nas análises, no momento de coleta de informações, gerando possíveis questionamentos sobre as propriedades, além de síntese, por meio da combinação e da proposição de soluções criativas e novas, tendo por objetivos a geração de conceitos e alternativas a partes ou ao todo que compõem o produto (Noble; Bestley, 2013).
- *Concept design* **ou conceito de design** – Está ligado ao início da área projetual e do processo criativo para a obtenção e a geração de alternativas. Os diversos *concepts* criados na fase de geração de conceitos do design amadurecem até chegar à fase final. Em práticas de design, o *concept design* é e sempre foi uma das principais fases, pois é por meio dela que as ideias são colocadas e aperfeiçoadas até a obtenção do conceito final. É nele que geramos alternativas, pensamos em tipos de materiais e estruturamos os processos necessários à fabricação do produto. As ideias dos designers estão presentes nos *concepts*, motivando-os a obter um bom resultado projetual, podendo ser considerado um processo experimental, mas que se torna exclusivo e sintetiza o raciocínio que o profissional desejou passar até chegar a um conceito mais elaborado. Todos os processos de produção necessitam de novas ideias, de inovação, muito mais do que mais produtos no mercado (Brown, 2008).

4.3 Técnicas para especificar o design

Em um projeto de design, é necessária a realização de etapas para momentos que antecedem a geração de alternativas e técnicas para a obtenção de ideias criativas que auxiliem na elaboração dos conceitos.

Nessa fase de elaboração e geração de alternativas, faz-se necessário o uso de análises do produto a ser projetado e, quando se tem o conceito definido, devem ser estipuladas as especificações que auxiliarão a conhecer e entender o indivíduo para, assim, ter algo inovador com relação aos produtos existentes.

Para todo esse processo de elaboração e execução, segue-se uma metodologia projetual que direcione e facilite a resolução do problema proposto. Rozenfeld et al. (2006) criaram um modelo descrevendo as atividades, tomando como base metodologias, e as dividiu em três fases: (1) pré-desenvolvimento; (2) desenvolvimento; e (3) pós-desenvolvimento.

O **pré-desenvolvimento** consiste na garantia de conhecer o consumidor e todas as inovações tecnológicas que estão acontecendo no mercado. No **desenvolvimento**, por meio dos dados colhidos na fase de pré-desenvolvimento, são analisados os pontos tecnológicos, financeiros e organizacionais que ajudarão no detalhamento, nos cálculos e nas decisões sobre o processo de fabricação usado, bem como os materiais e os fornecedores ou parceiros adequados. O **pós-desenvolvimento** é a etapa na qual são feitas avaliações sobre o ciclo de vida dos produtos e a reutilização de partes, além de uma criação de requisitos e parâmetros que servirá de base para novos projetos.

A criação de especificações em projeto consiste em elaborar um formulário sobre necessidades ou requisitos e parâmetros tanto dos produtos quanto dos usuários. É aí que encontramos o design emocional, pois é necessário tornar o projeto atrativo aos olhos dos clientes e fazer com que ele atenda às necessidades deles.

Nessa técnica, um *briefing* bem realizado é bastante importante para conhecer o usuário e também auxiliar no processo de elaboração das especificações do produto no projeto. Segundo Rozenfeld et al. (2006), os requisitos do projeto funcionam como pontos de direcionamento da geração dos conceitos, de modo a conhecer necessidades ou carências e analisar as relações sociais e seu desenvolvimento.

Essa coleta de dados e a elaboração da lista de especificações tornam o projeto viável, pois, ao se conhecer detalhamento o produto a ser desenvolvido, seu público-alvo e os problemas a serem resolvidos, é possível criar produtos satisfatórios contendo todas as características que devem ser ponderadas para a geração do conceito final.

Quando se tem a relação dos requisitos a serem usados no projeto, é preciso definir quais são desejáveis e quais são obrigatórios. Os desejáveis devem ser atendidos, mas não são obrigatórios, já os obrigatórios precisam ser atendidos e constar no projeto. São exemplos de requisitos ou especificações no projeto: estética, montagem, complexidade, restrições/custo, concorrência, cliente, vida do produto, descarte, meio ambiente, projetos existentes, fadiga, instalação, fabricação, manutenção, materiais, ruído, operador, embalagem, desempenho, portabilidade, protótipo, qualidade, segurança e treinamento.

Essas especificações podem variar de acordo com o produto a ser desenvolvido e definem características que são relacionadas tanto aos produtos quanto aos usuários, e nelas os estados afetivos também são contemplados.

Segundo Souza (2016, p. 71), as principais características da etapa de definição de especificações são:

- Funcionalidade: aquilo que o produto executa;
- Segurança: são os riscos e perigos que o produto pode oferecer;
- Estética: é aquilo que atrai, que satisfaz através da beleza e da harmonia;
- Sustentabilidade: os impactos ambientais de produção e descarte do produto;
- Economia: é o custo-benefício, ou seja, preço de produção, aquisição, manutenção e também o custo de descarte;
- Ergonomia: entra neste quesito a usabilidade, a adequação Homem/Máquina, o conforto, fadiga e todos os fatores que possam influenciar no bem estar;
- Produtibilidade: está relacionada com a facilidade de fabricação, ou seja, sua adequação aos meios de produção, aquisição e seleção de materiais, custo produtivo;
- Operacionalidade: inclui armazenamento, transporte, distribuição etc.

Acrescentamos a essas características, ainda, a etapa ambiental ou sustentável, que se preocupa com o meio ambiente e como o produto pode impactá-lo no momento de seu descarte e em seu processo produtivo.

Todas essas características auxiliam na identificação do problema e, posteriormente, na obtenção de soluções a pontos que podem ser esquecidos em alguns projetos.

Ao cumprir essas especificações, além de se conseguir alcançar os objetivos desejados, também se gera uma relação de compreensão emocional com os usuários, tornando a etapa de geração de conceitos eficiente. Além disso, seu conceito final mostrará não só mais um produto na linha de produção, pois ele se tornará completo e eficaz diante dos demais já existentes (Souza, 2016).

Todo produto necessita de um processo para ser desenvolvido, no qual as ideias são organizadas e os conceitos são gerados com base em um conjunto de informações que envolvem fatores culturais, sociais, técnicos e econômicos.

4.4 Técnicas para avaliar o design

Diante das especificações necessárias para a formulação de um conhecimento mais aprofundado sobre a metodologia e a elaboração projetual de um produto, é chegado o momento de conhecer e avaliar o problema, seus pontos positivos e negativos, não esquecendo de levar em consideração todos os pontos citados no tópico anterior, como as relações social, ambiental, estrutural e funcional.

Essa fase de análise, também conhecida no design de produto como *design brief*, consiste na formulação do problema que se prende ao tema proposto, devendo esclarecer a necessidade e a dificuldade que se pretende resolver e desenvolver por intermédio de pesquisas, tomando como base os requisitos e os parâmetros que seguirão os objetivos, as metas e o público-alvo para o desenvolvimento da fase de criação do projeto.

Nos processos metodológicos de design, o problema é o ponto de partida para a criação de um novo produto ou redesenho. Segundo Bürdek (2006), para cada problema, deve ser usado um método que busque o sucesso do processo projetual.

Muitas técnicas metodológicas foram criadas para auxiliar os designers na resolução de problemas, as quais, segundo Bayazit (2004), são chamadas de *segunda geração*, uma vez que os problemas e suas análises têm aumentado e vêm se tornando mais complexos. Nessa segunda geração, o usuário se integra na etapa projetual, relatando o que deseja do produto, bem como seus pontos positivos e negativos.

Com o avanço da tecnologia, os projetos de design ganharam maior participação dos usuários nas tomadas de decisão, possibilitando maior precisão na obtenção dos anseios deles.

Segundo Cascini, Fantoni e Montagna (2013), conhecendo as necessidades nas primeiras etapas projetuais, é possível transformar e qualificar esses dados por meio de ferramentas de análise do estado emocional do usuário, obtendo-se o sucesso desejado.

Para que um projeto seja iniciado, é necessária a existência de um problema a ser solucionado pelo profissional de design, considerando os desejos e as necessidades da sociedade. Em razão do constante avanço da tecnologia, muitas vezes, apenas modificações funcionais de alguns produtos já se mostram como um problema. O projeto, assim, surge para atender aos desejos, sejam eles sociais, sejam derivados de uma tendência imposta pela sociedade e pela cultura.

Passada a etapa de conhecimento do problema, inicia-se a etapa de análise, de avaliação das informações, de pesquisa sobre produtos similares, bem como o conhecimento de problemas de um projeto anterior, os quais podem auxiliar na criação de soluções ao novo projeto.

Alguns autores, como Bonsiepe (1984), Löbach (2001) e Baxter (2000), definiram algumas técnicas, dispostas em etapas metodológicas, para serem adotadas durante a realização de um projeto, de modo a realizar análises sobre o design. Trataremos dessas técnicas a seguir.

Bonsiepe (1984) define as técnicas de análises sincrônica, morfológica, estrutural, funcional, ergonômica e da tarefa da seguinte maneira:

- **Análise sincrônica** – Compara produtos similares, analisando as principais características, o material, as medidas, a marca, o valor, qual tem melhores qualidades, como eficiência e conforto, e qual é mais atrativo aos olhos dos usuários. É nessa análise que buscamos os pontos que diferenciarão um produto a ser criado, inovações para agregar valor ao projeto ou o lançamento de algo inovador e que fuja aos padrões daqueles já existentes. É necessário seguir uma ordem qualitativa e quantitativa dos critérios analisados: estilo, sensação, funcionalidade, forma, cor, material e conforto, critérios que ajudam no momento de análise, avaliação e desenvolvimento.
- **Análise morfológica** – Consiste em compreender a estrutura quanto à forma, à composição e às informações de acabamento e de materiais usados em sua superfície.

- **Análise estrutural** – Lista todos os componentes que fazem parte da estrutura do produto a ser desenvolvido, tomando como base outros já existentes, além das formas de montagem e de união desses elementos.
- **Análise funcional** – Apresenta as características quanto ao uso e aos aspectos ligados à ergonomia e às funções técnicas.
- **Análise da tarefa** – Registra o manuseio do produto em suas fases de uso e analisa questões ergonômicas e de forma.

Segundo Löbach (2001), para sistematizar o projeto, é necessário dividir o processo de design em quatro etapas distintas, a saber:

- **Primeira etapa** – Análise do problema em sua fase de organização, na qual são reunidas as informações para a definição do problema e são traçados os objetivos. Nessa coleta de dados, são necessárias a realização e as várias análises para que se conheça a fundo o problema e tudo o que o envolve.
- **Segunda etapa** – Seleção do método a ser usado na solução do problema em estudo. Nessa etapa, está presente a geração de alternativas que marca a trajetória do processo até a obtenção de seu conceito final.
- **Terceira etapa** – Avaliação dos conceitos gerados, em que são realizadas análises detalhadas e é utilizado um método de seleção até se definir o conceito que mais se adéqua ao problema em estudo.

- **Quarta etapa** – Concretização do conceito escolhido, em que se analisa mais uma vez o conceito final. Nessa fase, é possível melhorar algo antes de iniciar o processo de criação do protótipo e traçar especificações relacionadas aos materiais, às formas, às texturas etc.

Ainda segundo Löbach (2001), antes de ser enviado para a produção, deve ser realizada uma nova avaliação mais detalhada do protótipo e do projeto como um todo, que é o processo final de produção.

Para Baxter (2000), no desenvolvimento e no processo de um projeto de design, deve-se ter como ponto principal a criatividade e ela deve estar presente em todas as as etapas do projeto, sendo o diferencial inovador e se preocupando com as funções estéticas, simbólicas e funcionais. O autor dividiu em quatro etapas esse processo de desenvolvimento do projeto em que a criatividade se faz presente:

- **Primeira etapa** – Nessa fase, conhece-se o público-alvo, seus anseios, suas necessidades, o processo de fabricação, os componentes e as peças que compõem o projeto, como será o processo de *marketing* e divulgação, os pontos onde serão vendidos o produto e os lucros pós-venda. É traçada uma linha de conhecimento sobre o produto a ser desenvolvido e todos os aspectos que o envolvem, como também se conhecem nessa coleta de dados os produtos e as soluções já pensadas para a resolução do problema.

- **Segunda etapa** – É direcionada à geração dos conceitos, e, como o autor foca sempre na criatividade, ele propõe que nessa fase sejam realizadas técnicas que estimulem o processo criativo no projeto, como o *brainstorming*. Algumas técnicas de análise são realizadas, como morfológica, de função, analogias, metáforas e MESCRAI, entre outras.
- **Terceira etapa** – É responsável pela seleção de ideias. Nessa etapa de seleção, são analisados os pontos positivos e negativos do projeto, características de todos os conceitos realizados, podendo-se unir componentes de cada um em separado e gerar um conceito final com propriedades superiores.
- **Quarta etapa** – Para a obtenção do resultado dessa etapa, o autor recomenda o uso de ferramentas como a votação e a matriz de avaliação, em que é possível analisar riscos que o projeto poderá causar e se há alguma melhoria a ser feita.

Observe o Quadro 4.1, a seguir, que sintetiza e relaciona as metodologias utilizadas no planejamento de projetos dos autores estudados.

Quadro 4.1 – **Autores e suas metodologias de planejamento de projetos**

Bonsiepe (1984)	Descreve as atividades de planejamento de projeto em seu processo, suas etapas, e não mostra sua importância. Segundo esse autor, é necessário seguir essas etapas, mas ele não descreve como executá-las.
Löbach (2001)	Prevê pontos referentes ao propósito do projeto, mas foca na fase operacional de desenvolvimento das atividades.
Baxter (2000)	Mostra as fases de desenvolvimento dos produtos e apresenta pontos que compõem o gerenciamento e o planejamento estratégico das atividades e do produto. Ao enfatizar o processo criativo nas etapas dos projetos, ele se prende ao nível operacional.

Ainda falando sobre processos e métodos de design, surgiram outros autores que criaram modelos de planejamento das etapas do projeto, como a avaliação do design, foram eles: Christopher Alexander (1986), John Chris Jones (1970) e Bernhard E. Burdek (2006).

Conforme Alexander (1986), à medida que aumentavam os problemas, crescia a dificuldade e, em razão do grande avanço da tecnologia e do surgimento de diversos produtos, a cultura e o fator social também mudaram. Dessa forma, o designer teve de seguir todo esse crescimento e se aperfeiçoar a cada dia, sentindo-se, com isso, pressionado a realizar projetos mais eficientes e rápidos. O autor alude que, por conta de toda essa velocidade de acontecimentos econômicos, sociais e culturais, para resolver problemas, era necessário o uso de ferramentas que auxiliassem o designer a realizar seu processo criativo de maneira mais eficaz.

Para Alexander (1986), um produto não pode ser avaliado com base no fato de atender ou não aos pontos descritos nos requisitos. É preciso que o produto esteja concluído e que se realizem testes para avaliar seus aspectos positivos e negativos de uso, pois é desse modo que se pode conhecer suas reais funções e a aceitação dos usuários, seus estímulos afetivos e suas reações emocionais. Diante disso, o autor mostra que deve ser feita uma análise profunda do problema proposto e considera que o processo de design é dividido em duas fases:

1. **análise** – na qual o problema, por meio de análises, é dividido e podem ser verificados os requisitos detalhadamente;
2. **síntese** – nessa fase, geram-se as alternativas por meio de conceitos, desenhos.

O autor ainda subdividiu essas fases em seis etapas: (1) definição do problema; (2) análise de variáveis; (3) definição de interação das variáveis e (4) árvore de conjuntos, que compõem a fase de análise; e (5) solução e (6) síntese formal, que compõem a etapa de síntese (Alexander, 1986).

Jones (1970), por sua vez, criou algumas etapas pensando em traçar estratégias do design baseadas nos métodos intuitivos e racionais. Ele ainda elaborou conceitos para o controle do processo de design, como a caixa preta, o sistema auto-organizado e a caixa transparente.

O processo de design proposto por Jones (1970) é uma sequência simples de fases, que vai dos pontos gerais aos específicos. Trata-se de um modelo dedutivo e linear composto pelas seguintes etapas:

- **Divergência** – Analisa e divide o problema em partes, obtendo grande espaço de pesquisa para facilitar a solução do problema e proporcionar que o designer conheça melhor o usuário.
- **Transformação** – Corresponde à síntese, à elaboração de conceitos. Nessa fase, a criatividade surge juntamente à intuição e não se pode sair com um resultado concluído, pois o autor afirma serem necessários testes e avaliações do produto com

uma amostra de usuários, a fim de uma conclusão positiva ou negativa acerca do projeto realizado.

- **Convergência** – Corresponde à avaliação, por meio da qual o designer tem o resultado das alternativas geradas. O autor afirma que, nessa etapa, deve haver uma redução de possibilidades até o conceito final, de forma a obter baixo custo no processo.

Já Burdek (2006) menciona haver uma ausência de ferramentas metodológicas no processo de design e incluiu métodos e técnicas em seu modelo. Ele afirma que o processo de design é um sistema de informações que pode ser alimentado por respostas e, dessa forma, não se comporta de modo linear em sua estrutura. Em seu modelo, o autor sugere a movimentação entre as etapas até que se chegue à final, visto que nela foi investido tanto tempo quanto insumos, tornando a reformulação e o retorno às etapas anteriores onerosos. Seria um retrabalho, ação que não deve ser tomada por profissionais do design, visto todo o detalhamento envolvido nas etapas de composição de um projeto.

O processo de Burdek (2006) mostra uma sequência de ações, a saber: problematização; análise da situação; definição do problema e das metas; projeto de conceitos e construção e alternativas; classificação ou valoração precisa das alternativas; e planejamento do desenvolvimento da produção. O autor criou, assim, um modelo dedutivo baseado na análise de informações até chegar ao problema definido para o projeto.

4.5 Técnicas para implementar no mercado

Como verificamos nos modelos metodológicos descritos no tópico anterior, que fazem parte do processo de design, deve haver todo um cuidado em saber aplicar o método mais adequado e realizar análises de avaliação até que o produto chegue ao mercado e obtenha sucesso perante os usuários.

Falar em mercado remete-nos ao nível estratégico, no qual se traçam os objetivos de uma empresa para seu bom funcionamento organizacional. El Marghani (2011) explica que, para o desenvolvimento dos produtos, o nível estratégico divide-se em duas interpelações distintas: (1) engenharia de aprodução, em que se enquadram os processos de desenvolvimento; e (2) produção de produtos e *marketing*, em que se enquadra a técnica dos produtos com cerne no mercado. Segundo a autora, no design, o nível estratégico pode ser entendido como gestão do design, que engloba modelos focados no *marketing*, no planejamento, no gerenciamento e na administração.

De acordo com Oliveira (2009), o planejamento estratégico é um método administrativo que propicia o apoio metodológico e guia o melhor caminho que a organização deve seguir, otimizando os fatores externos de modo inovador.

No nível estratégico, o design tem seu aporte em transformar e unir o foco da organização ou empresa à divisão dos métodos produtivos, e essa função pode ajudar na tarefa do design como peça que proporciona um maior conjunto de ideias, em que o design agrega valor no andamento das ações dentro da empresa (Mozota; Klöpsch; Costa, 2011).

De acordo com Gomes (2011), o planejamento estratégico engloba visão, cenários, missão, oportunidades, fraquezas, ameaças, estratégias e objetivos, que dependem das ações da empresa ou da organização e traçam os passos e o foco a que se direciona em relação ao mercado.

Atualmente, o design vem ganhando espaço nessa área dentro das organizações, tendo sido percebida sua importância no processo de formação. O design tornou-se um fator primordial dentro da empresa, pois colabora na criação e no desenvolvimento dos produtos, além de fazer parte do recebimento de respostas dos clientes quanto ao valor sentimental do produto.

Nas organizações, o planejamento estratégico divide-se, de acordo com Rozenfeld et al. (2006), em duas fases:

1. **Planejamento estratégico de produtos** – Forma o grupo de atividades que modificam as informações do planejamento da associação e do setor de negócios.
2. **Planejamento do projeto** – Composto de grupo de produto e portfólio dos produtos da organização, é responsável pelos procedimentos de mercado e pelas tecnologias empregadas, assim como pela preocupação com usuário, produto e respostas dos clientes.

No planejamento do projeto, existem elementos importantes em seu desenvolvimento, como recursos, tempo, custos e finalização, até que se chegue ao conceito final, à produção e à entrada no mercado. Todas essas etapas são organizadas e fazem parte da gestão do design na empresa, que tem por finalidade elaborar um plano e gerenciar as estratégicas, os objetivos e a missão da empresa, assim como estimular funcionários e demais pessoas envolvidas no processo de produção a cumprir os propósitos designados (Wolf, 1998).

A gestão do design é a ferramenta que torna real os objetivos da empresa, sendo, portanto, essencial para o crescimento e a incorporação de inovação, sustentabilidade e desenvolvimento criativo nas etapas do processo de elaboração dos produtos.

Em 1997, foi criado um manual sobre a importância e a destinação da gestão do design, mostrando suas etapas e direções a serem tomadas, como avaliação do problema, elaboração do projeto, atuação, organização, documentação e controle final (Wolf, 1998).

Desse modo, precisamos criar um modelo de implantação da gestão do design nas empresas, considerando sua estrutura e suas tarefas, para que seja possível estabelecê-lo. É um trabalho conjunto, no qual o design se une ao processo organizacional, e essa soma resulta em um processo produtivo mais aperfeiçoado, dinâmico e multidisciplinar.

Cada organização tem uma missão e objetivos e, segundo Minuzzi, Pereira e Merino (2003), todas as etapas traçadas no processo de gestão afetam a empresa como um todo, pois estão presentes e passam pelos departamentos que compõem o processo produtivo, cabendo ao gestor direcionar e implantar a competência de design.

Não é conveniente adotar um modelo específico de gestão, pois, de acordo com Wolf (1998), existem diversos modelos e maneiras de implantação. Dessa forma, empregar apenas um deles pode causar desigualdade, já que cada empresa age, pensa e segue um objetivo distinto, sejam nos processos operacionais, sejam nos estratégicos.

Portanto, a gestão do design deve agir como instrumento que une a operação do design aos setores que compõem a empresa para alcançar os objetivos desta de forma positiva.

Segundo Kotler (1990), a implantação da gestão do design desenvolve o contentamento do consumidor e também a lucratividade das empresas pelo valor agregado, como aparência, função e qualidade.

Além disso, o design funciona como uma ferramenta impulsionadora de afeto entre a organização, o produto e o usuário, uma vez que participa de seu processo de criação, e, diante de análises e testes realizados para conhecer o usuário, torna possível um conjunto de sentimentos envolvidos com o propósito de colocar no mercado um produto inovador tecnologicamente, que adote suas funções, mas que também consiga proporcionar ao usuário uma relação afetiva.

Todas essas técnicas e esses modos de implantação do design como gestor dentro da empresa e participante das etapas de produção dos produtos nos fazem ver a presença cada vez mais intensa do design emocional. Nesse sentido, as empresas precisam cada vez mais de profissionais qualificados e facilitadores de desenvolvimento não só financeiro, mas também que desenvolva uma relação íntima entre o produto e o usuário.

Conhecer os possíveis usuários para quem o projeto se destina é uma ferramenta que direciona todo o processo de desenvolvimento e criação dentro da empresa, e essa relação une também aqueles que fazem parte da empresa, tornando-os um todo com um único propósito: colocar no mercado um produto que atraia os clientes.

O mercado, por sua vez, é composto de diferentes pessoas, que fazem parte de uma sociedade com culturas distintas e que desejam e esperam encontrar e comprar emoções, consumir sentimentos e esbanjar satisfação.

Todavia, esse mesmo mercado tem como missão atrair esses consumidores e espera que as empresas consigam proporcionar esse misto de sensações, cabendo às organizações conscientizarem-se da importância da gestão do design e da função que o profissional dessa área assume em uma empresa como gestor e facilitador de todo esse sucesso esperado.

Zamurovic Brothers/Shutterstock

CAPÍTULO 5

O DESIGN DE PRODUTO E A RELAÇÃO COM A IDADE AFETIVA

Na sociedade contemporânea, na qual a tecnologia avança constantemente, estamos sempre esperando por algo que nos surpreenda. O design vem se preocupando a cada dia com as gerações de usuários, suas crenças, culturas e faixas etárias. Cabe ao designer, no processo de desenvolvimento de seus produtos, conhecer o público para quem projeta, constituído por pessoas com idades diferentes e que reagem de formas também diferentes com relação aos produtos que consomem. Neste capítulo, apresentaremos os desafios de projetar para pessoas de idades distintas, mostrando que esse aspecto influencia a compreensão das emoções.

5.1 Projetar para crianças: contexto de uso e compra

A criança é um ser social que faz parte da sociedade em seu meio histórico e cultural, acompanhando a unidade familiar a que pertence. A família é, para ela, sua referência, sua base educacional e formadora de suas decisões iniciais, seu comportamento e seu lado emocional.

Segundo Damásio (1996), as emoções estão divididas em classes primárias e secundárias, e a idade está ligada a essas emoções. Quando crianças, temos emoções primárias, chamadas de *naturais*, geradas pela combinação de sentimentos, como o medo por não conhecer um local ou uma pessoa; já emoções secundárias só existem depois de experimentarmos as primárias, portanto só a temos quando adultos.

A criança antes era vista como representação do puro, um ser indefeso, que vive longe do mundo do consumismo, mas, com o tempo, começou a ser considerada o futuro da sociedade e foi sendo inserida no mercado de produção, fazendo parte de seu sistema.

Desde cedo, as crianças aprendem a interagir com as pessoas que estão a seu redor e tentam entender o mundo em que estão inseridas, bem como suas relações. E, pelas brincadeiras, revelam seus desejos, suas emoções.

Para Curvo e Tuche (2001), a infância divide-se em duas fases: a primeira vai até os 6 anos, quando as crianças desenvolvem a fala, o andar, procuram pela companhia de outras crianças e seu crescimento é contínuo; a segunda fase, conhecida como *segunda infância*, vai até os 12 anos, sendo o crescimento acelerado. Quando chegam à pré-adolescência, as crianças podem iniciar uma fase de desequilíbrio, com inseguranças relacionadas ao corpo que podem interferir em seu desenvolvimento. Esse desequilíbrio pode gerar desconfortos nas fases posteriores, pois é nessa idade que as crianças se preparam para a chegada da puberdade e tudo funciona como uma preparação até que elas alcancem a fase adulta.

As crianças devem ser consideradas como tal, e mesmo que seus corpos estejam mudando e evoluindo, ainda não são adultos, pois elas têm qualidades e atributos referentes à sua idade. Cada fase e idade têm um modo particular de agir, e esse modo depende também do meio em que se está inserido, das pessoas ao redor, da sociedade e da cultura (Bee; Boyd, 2003).

Nessas fases, as crianças adquirem habilidades, qualidades, como uma organização de ideias, na qual, em cada etapa, surge algo novo a se aprender, conhecer, viver e dividir. É na escola, por meio da educação e do convívio com outras crianças, que elas podem colocar essas habilidades em prática, encontrar conhecimentos novos e compartilhar sentimentos, tanto por meio do aprender quanto do brincar.

O desenvolvimento é composto pelo orgânico e pelo mental, que unem a composição gradual da mente, a qual evolui e se modifica até obter seu desenvolvimento completo, concretizando aspectos intelectuais, sociais e afetivos, muitos dos quais presentes até a fase adulta (Bock; Furtado; Teixeira, 2008).

Do mesmo modo que as crianças apresentam perfis diferentes e mudam em suas fases, os produtos desenvolvidos para elas também devem fazê-lo. Na maioria das vezes, esses produtos são vistos e oferecidos inicialmente pelos adultos, que escolhem o que deve ser utilizado pelas crianças. Com o tempo, os produtos passaram a conter indicações de idade, tornando aos adultos a identificação mais fácil no momento da compra. Além disso, os produtos ficaram mais atrativos, com cores e funções agregadas, o que encanta e desperta emoções nas crianças, o que nos possibilita ver a importância do design.

Conhecer e compreender o universo particular da criança e entender seu papel na sociedade facilita o desenvolvimento de objetos voltados a esse público-alvo, mas isso só ocorreu tardiamente, pois, como dito anteriormente, os produtos atendiam inicialmente aos adultos, que os ofereciam às crianças (Merleau-Ponty, 1990).

Por volta do século XIX, começou-se a se pensar em criar objetos voltados para as crianças, com cores e desenhos de animais. Louças usadas pelos adultos apareceram decoradas com animais para que chamassem a atenção das crianças, não atraindo, assim, apenas os adultos. Segundo Forty (2007), no ano de 1870, surgiu a preocupação em desenvolver brinquedos e jogos, atividades primordias no desenvolvimento infantil; e a infância passou a ser considerada categoria.

No século XX, iniciou-se o desenvolvimento de mobiliários voltados às crianças, como camas e armários com formatos adequados a elas e visualmente atrativos (Forty, 2007).

A preocupação com o bem-estar físico das crianças teve seu início nos Estados Unidos antes de 1900, com o surgimento de parques públicos onde as crianças podiam se divertir e interagir com outras crianças em um ambiente urbano (Dickason, 1983).

Com o passar do tempo, as crianças foram adquirindo novo espaço na sociedade e nas famílias, muito em virtude de a mulher também ter conquistado espaço no mercado de trabalho. Elas, assim, ficavam muito tempo em casa sem a presença dos pais, o que os fazia sentir-se culpados e, por isso, ceder aos pedidos dos filhos na maioria das vezes. Nesse contexto, surge o consumo e a compra.

Em razão desse espaço que as crianças foram adquirindo, elas começaram a ter também certa autoridade na decisão do que comer ou do que vestir, induzindo, assim, seus pais às compras. Desse modo, o cenário inverteu-se, e os adultos começaram a realizar as compras impostas pelas crianças.

Beulke (2005) afirma que foi a partir daí que se iniciaram os estudos sobre o comportamento infantil de consumo e o papel das crianças nas decisões de compra. Elas passaram a ocupar um espaço bem maior no mercado, decidindo sobre a aquisição desde brinquedos até produtos de valores mais elevados. Muitos seguimentos, após essas pesquisas, começaram a desenvolver produtos voltados ao público infantil, tanto para datas comemorativas anuais quanto para o dia a dia, focando em objetos que fazem parte da rotina escolar. Nesse momento, as crianças começaram a ter um papel de grande importância, e o mercado infantil tornava-se cada vez mais competitivo.

A cada dia, as crianças são envoltas por anúncios, e o poder da mídia também interfere na decisão de compra. As informações são passadas por intermédio de comerciais, em horários planejados nos quais as crianças estão assistindo à programação infantil ou em momentos de encontro familiar. Para McNeal (2000), a internet também tem seu papel como canal de venda e compra nesse mercado consumidor, pois as crianças passam bastante tempo acessando canais ou jogando virtualmente.

As crianças, em sua maioria, consomem aquilo de que gostam e acompanham seus pais no momento das compras, desde a ida ao supermercado até o passeio nas lojas de brinquedos e itens infantis. Diante de toda essa mudança no mercado infantil, o modo de pensar em como os produtos são divulgados, vendidos e por que são adquiridos também se alterou.

A nomenclatura *indivíduo consumidor*, segundo Karsaklian (2000), cambia para *afinidade de decisão*, ou seja, a integração das crianças no mercado consumidor está relacionada ao momento da compra.

Segundo Beulke (2005), dependendo da forma como as crianças se comportam em locais de compra, seus pais acabam adquirindo algum produto, mesmo que este não esteja dentro de seu poder financeiro naquele momento. O *marketing* e a publicidade influenciam bastante os pais nesse momento de compra, e as crianças se tornam igualmente influenciadoras, ainda que não sejam os consumidores finais do produto, pois, em diversos momentos, os pais acolhem e fazem a vontade dos filhos (McNeal, 1992).

O design está presente nos produtos e nos objetos que as crianças consomem, por isso ele deve ser pensados para atender às necessidades desse público, entender suas fases, seu crescimento, suas alterações corporais e suas possíveis limitações. Deve existir, por parte do designer, um estudo sobre tudo o que se projeta, como cultura e fatores que influenciam o universo da criança. É fundamental analisar o modo de vida das crianças e sua evolução durante a história, a maneira como consomem e com que frequência, a fim de que sejam obtidos dados que ajudem na atividade de criação.

Figura 5.1 – **Universo da criança**

yusufdemirci/Shutterstock

Em razão das transformações atuais e rápidas que vivemos e do crescimento do mercado consumidor, os objetos e a relação com o usuário se alteram de maneira constante. Nesse sentido, o designer surge como peça atuante e dinâmica nesse processo de transformação também para o público infantil.

O profissional de design deve atender à necessidade dos indivíduos, como vimos no capítulo anterior, mas seus projetos devem adequar-se ao mercado empresarial e competitivo em que está inserido. Quando falamos em gestão do design, vimos a necessidade de que as empresas contem com um profissional que acompanhe e participe das etapas de produção e que conheça os usuários, de modo a sempre atender às demandas destes, criando projetos inovadores e que chamem a atenção.

No mercado infantil, acontece dessa forma. O designer deve mergulhar e se envolver no universo infantil, preocupando-se com as funções que os produtos terão e seu tempo de vida, que a cada dia parece mais efêmero; e fazer com que seus projetos modifiquem esse cenário, no qual os produtos tenham maior durabilidade e possam ser passados a outras gerações, também é um papel importante do designer.

Dessa forma, o profissional assume responsabilidade pelos projetos que realiza dentro das empresas e coloca no mercado. O designer é um criador de soluções, com a função de agregar sentimentos a seus produtos.

5.2 Público jovem

Assim como as crianças, os jovens também passam por algumas fases em seu desenvolvimento até serem considerados adultos. De acordo com o Estatuto da Criança e do Adolescente (ECA) – Lei n. 8.069, de 13 de julho de 1990 –, são considerados adolescentes os indivíduos entre 12 e 18 anos de idade (Brasil, 1990). Para efeitos de estudo, são considerados jovens aqueles entre 18 e 24 anos de idade.

Nesse caminho evolutivo, caminham também o design e os projetos dos produtos, mudando apenas seu campo de intervenção e contribuindo, assim, para a produção de mercadorias diferentes e que se adequem às tecnologias e aos equipamentos disponíveis na empresa, desempenhando competências no processo inovador (Krucken, 2008).

A maioria dos usuários entre 15 e 18 anos costuma viver em ambiente urbano, acompanha a evolução tecnológica e, na maior parte do tempo, está bem informada, uma vez que conta com o uso da internet, o que facilita o conhecimento de produtos novos. Segundo Dias (2004), o público jovem ocupa 20,7% da população no Brasil e, por acessar bastante o ambiente virtual, consome por esse meio. Assim, o design deve acompanhar todo esse processo e fazer da informação sua aliada na atividade de diagnóstico e compreensão do estilo de vida do público-alvo do projeto em seu processo produtivo.

Por estarem imersos nesse mundo virtual e repleto de significados sociais, a internet participa na formação dos jovens, já que a quantidade de informações adquiridas e transmitidas pode modificar o modo de pensar e agir deles. Meios de comunicação como a internet e a televisão executam um papel de transmissão e criação de aspectos significativos ao jovem no momento da compra, por exemplo. Por conta da frequência com que adquirem essas informações, eles constroem uma relação entre o conteúdo apresentado e ofertado e o processo afetivo pelos bens de consumo.

Dias (2004) ainda afirma que 37% dos jovens realizam suas compras em lojas de *shoppings centers* (ao passo que os adultos somam 33%), têm uma conexão com vitrines, consomem muitos itens esportivos, como tênis, costumam ir frequentemente a cinemas, festas e bares, dão preferência a roupas de grifes, gostam de viajar e usam muito celular, computadores e *tablets*.

Segundo Danzinger (2005), esse processo de escolha por produtos inovadores e, muitas vezes, de preço elevado surge por influência da mídia e em virtude da preocupação que os jovens têm em se destacar em meio a outros jovens, mostrando diferenciação no meio social em que convivem em razão de ser possuidor deste ou daquele bem material. Por isso, os jovens pensam e agem dessa forma quando desejam um tênis da marca tão sonhada ou o celular que todos têm.

No Brasil, foram realizadas pesquisas sobre o consumo pelos jovens entre 15 e 19 anos, indicando que estes são impulsionados pelo prazer da compra e pelos produtos de marcas de luxo, o que afeta sua autoimagem, uma vez que eles acreditam na importância do que as outras pessoas pensam a seu respeito, relacionando essa opinião aos bens de consumo.

O universo de consumo jovem é composto de itens tecnológicos, como TV por assinatura, cartões eletrônicos, jogos virtuais etc., em sua maioria, itens que se relacionam em mídias digitais. Essa forma de relação interfere nas atitudes de consumo, nos valores e no modo de pensar e de conviver com amigos e familiares.

Ao analisar a compra de itens tecnológicos, Mick e Fournier (1998) afirmam que a emoção interfere nos consumidores no momento da compra, e sentimentos como decepção podem surgir, pois nem sempre o produto atende a todas as necessidades e supera as expectativas do público jovem.

Para entender os jovens e seus comportamentos, a psicologia se faz mais uma vez aliada do design, mostrando que a juventude não se trata apenas de uma evolução da infância para a fase adulta, os jovens apresentam compreensão própria com características dessa fase.

Debesse (1946, p. 15-16) afirma que é um erro

pensar que a juventude muda conforme as épocas [...] acreditar que ela se identifica com sucessivos vestuários de empréstimo e que cada geração tem sua juventude é uma ilusão de moralista amador e apressado [...] por detrás do aspecto da juventude existe a juventude eterna, notavelmente idêntica a si própria no decurso dos séculos [...]

Para Aberastury e Knobel (2003), a juventude é um momento de decisão e construção da vida do ser humano, visto que se trata de uma fase de dúvidas, contradições e pode parecer, para alguns, dolorosa. A juventude é a fase mais difícil em razão de crises e desequilíbrios que fazem com que os jovens se apresentem vulneráveis para entender a posição dos pais, dos amigos e da sociedade. É um período turbulento, já que eles não são mais crianças e ainda não são adultos.

Figura 5.2 – **Juventude**

GoodStudio/Shutterstock

O consumo e a inovação se tornaram aliados no momento em que as pessoas buscam ser as primeiras a adquirir um produto que foi lançado no mercado recentemente. Tal atitude pode parecer imatura, mas está relacionada ao design emocional, que se caracteriza também pela idade e pelo comportamento dos jovens.

O consumidor jovem procura produtos de marcas famosas por estes serem mais atraentes a seus olhos e aos da sociedade, acreditando que tais produtos podem melhorar sua imagem pelo simbolismo que transmitem, pela sensação de satisfação que proporcionam e pela realização que eles sentem ao adquiri-los (Miranda, 2015).

Muitas vezes, o desejo de possuir alguns produtos classifica os jovens como vaidosos, uma vez que desejam aparência, consumismo. Segundo Wang e Waller (2006), os produtos mais procurados e que se enquadram nesse perfil de vaidade são carros de luxo, perfumes, artigos de moda e roupas de marcas ou aparelhos celulares. Os autores ainda afirmam que a vaidade de adquirir um produto tem relação cultural, que países globalizados estimulam essa vaidade e que usuários que se realizam ao efetuar a compra costumam procurar um produto de valor elevado.

Para Richins e Dawson (1992), materialismo é o valor que uma pessoa agrega àquilo que possui, seja por sua aquisição, seja com relação ao estado afetivo, transferindo-o ao ambiente social em que vive.

Os jovens realizam constantemente avaliações no meio que convivem e pelos produtos que consomem, indicando pontos negativos e positivos, e esse modo de avaliação os ajuda a transformar sua imagem nos grupos sociais em que estão inseridos. Nesse sentido, a opção pelos produtos funciona como um tipo de escolha pessoal avaliativa, em que, ao adquirir um produto desejado, ele pode se autoavaliar positivamente (Batican, 2011).

Os designers devem estudar o comportamento de consumo dos jovens e seu estilo de vida, acompanhando seu crescimento, suas mudanças, o que consomem com mais frequência e aquilo que descartam por ser uma atividade ou um desejo de momento que satisfaz suas emoções em determinado tempo. Só assim, traçando-se um perfil, será possível atender a esse público exigente e adepto a mudanças no modo de pensar, agir e se expressar.

Entretanto, a posição do design ultrapassa as barreiras do conhecimento apenas técnico, pois ele passa a conhecer o público a que direciona seus projetos e serviços; e o público jovem, como vimos, influenciado pelas marcas, está em constante busca pelo novo, pelos bens de consumo e pelas funcionalidades.

5.3 Público adulto jovem

O público adulto jovem é considerado aquele entre 25 e 34 anos e, no Brasil, chega a cerca de 33 milhões de pessoas, segundo o Censo Demográfico 2010 (IBGE, 2010). Esses indivíduos não passam tanto por transformações biológicas quanto os jovens, mas vivem transformações econômicas e sociais, podendo se sentir vulneráveis conforme a vida que seguiram desde as idades anteriores e a carga de emoções vivenciadas.

Em razão desse processo de transformação, muitos desses grupos ainda habitam a casa dos pais, frequentam universidades, namoram e, por conseguinte, são dependentes. Em contrapartida, existem aqueles que já têm independência financeira, moram fora da casa dos pais e são casados, com família constituída.

Muitos adultos jovens sentem dificuldade em ingressar no mercado de trabalho e, por esse motivo, contam com mais instabilidade na relação afetiva e social com outras pessoas de sua idade. Muitos casam e descasam por incertezas, sendo pais bem cedo e constituindo família, tornando-se totalmente adultos, fase que viria posteriormente.

Segundo a psicologia, essa fase de adulto jovem apresenta momentos de equilíbrio e poucas mudanças em seu desenvolvimento, mas, ao constituírem família, adquirirem responsabilidades maiores, vivenciam estágios de maior dimensão na vida. Passam a ter filhos, educá-los, idealizam o futuro, fazem projetos e, com isso, carregam características de transformação. Oliveira (1999, p. 3-4) reforça que esses indivíduos trazem

> consigo uma história mais longa (e provavelmente mais complexa) de experiências, conhecimentos acumulados e reflexões sobre o mundo externo, sobre si mesmo e sobre as outras pessoas. Com relação à inserção em situações de aprendizagem, essas peculiaridades da etapa de vida em que se encontra o adulto fazem com que ele traga consigo diferentes habilidades e dificuldades (em comparação à criança) e, provavelmente, maior capacidade de reflexão sobre o conhecimento e sobre seus próprios processos de aprendizagem.

Por definição, essa fase mostra-se equilibrada, e uma diferença entre a infância e a juventude é que o adulto jovem começa a ser inserido no mercado de trabalho e passa a ter relações com a sociedade que antes não tinha.

Os adultos jovens dentro da sociedade representam um ser em transformação não apenas física, mas também representativa; passam a fazer parte das mudanças dessa sociedade, tornando-se membros em processos decisórios, políticos, econômicos e sociais. Nessa fase, podem encontrar certas dificuldades em relação às gerações mais velhas, mas devem ver isso como uma maneira de se renovar, de agregar valores que as gerações mais velhas e experientes podem proporcionar.

Quando se tornam adultos jovens, ao saírem da escola, das universidades e faculdades, desejam ingressar no mercado de trabalho, buscam por um aperfeiçoamento profissional e um nível de escolaridade mais elevado. São indivíduos que procuram desenvolvimento e informação para se adaptar às mudanças provenientes da cultura e da sociedade. Se não existir esse aperfeiçoamento constante, as mudanças e as inovações tecnológicas podem excluí-los do mercado de trabalho (Bauman, 1999).

Figura 5.3 – **Adultos jovens**

Marish/Shutterstock

Para compreender essa passagem para a vida adulta, não devemos nos prender apenas aos aspectos econômicos e sociais. Esses indivíduos são simbólicos, impõem significados, ou seja, vivem do consumismo e da arte que se agrega à estética; muitas vezes, preocupam-se com o material e com o que possuem, uma conduta que interfere na relação com os demais, de forma semelhante à que acontece com o público jovem, como vimos no tópico anterior.

As pessoas em uma sociedade de consumo avaliam as pessoas pelo que possuem e são seduzidas por desejos novos, tornando-se compradores ativos de produtos e serviços. Comportar-se como consumidor ativo é fazer do *status* seu valor pleno dentro da sociedade e, como afirma Bauman (2008), os indivíduos que não acompanham a evolução da sociedade, tornam-se pessoas sem poder aquisitivo, não têm moradia apropriada e não podem possuir aquilo que almejam nem os novos produtos lançados no mercado. Não possuir um poder aquisitivo adequado é estar fora dos padrões criados pela sociedade, mas não no sentido de falta de emprego ou de itens de necessidade básica, como alimentação, vestuário e moradia (Bauman, 2008).

Ser um adulto jovem é estar, segundo Rocha e Silva (2009), em contínuo canal de valores, desejos, atitudes, hábitos. É uma fase que antecede a maturidade e que ainda passa por mudanças de padrões que estão se estruturando.

Os indivíduos desse grupo estão inseridos em uma sociedade informatizada, realizam seus trabalhos, fazem suas compras e criam novas redes de sociabilidade e, consequentemente, de consumo (Recuero, 2011).

Segundo Löbach (2001), os adultos jovens propagadores de grandezas estéticas, muitas vezes, em contraposição às gerações antigas, quebram as normas e buscam mais a aparência, por exemplo, ter o carro do ano e o celular de marca importada.

Tudo isso influenciou a criação dos produtos industriais, com os quais essa geração criou novos valores: os estéticos. Além de possuir produtos novos, eles querem ser jovens, estar atualizados como as pessoas que fazem parte de seu entorno, preocupam-se com o corpo, com a roupa que vestem e com questões estéticas.

Dessa forma, indo ao encontro do que pensava a sociedade e suas mudanças de valores culturais, a indústria deu início à fabricação e à comercialização de produtos com valores estéticos. Essa mudança de consumo influenciou os produtos de uso pessoal, mudando seu aspecto exterior e conseguindo, assim, o diferencial entre aqueles que já existiam, tornando-os mais atrativos aos olhos dos futuros usuários (Löbach, 2001).

Quando consumidores, os adultos jovens, diante da diversidade existente no mercado, buscam emocionalmente pelos produtos que satisfaçam suas expectativas funcionais e, em maior grau, estéticas. Assim como os jovens, essa geração intermediária atrai-se pelo estético e, muitas vezes, efêmero.

As empresas começam a ver o lado estético como ponto inicial no desenvolvimento de seus produtos e passam tais recomendações às suas equipes de produção, além de as capacitarem para aguçar a visão em busca desses usuários exigentes e críticos quanto ao que consomem.

Os adultos jovens se expressam por meio daquilo que consomem, buscando sempre o sentimento de atualidade, e fazem desse consumo uma forma de se comunicar. Isso é identificado pelas emoções, reveladas tanto no momento da compra quanto no momento de consumo, expressando seus desejos e sua satisfação.

Mesmo aqueles que, nessa geração, já casaram e têm filhos também se enquadram como consumistas, o que se torna preocupante no momento em que fazem disso uma prioridade estética, deixando que o simbolismo dos bens materiais ultrapasse as necessidades básicas, como educação, alimentação e vestuário (Cohen, 2002).

Nessa geração, todos almejam a juventude, seja fisicamente, seja espiritualmente. Como afirma Lipovetsky (2007, p. 71), "se os velhos querem parecer jovens, os jovens adultos 'recusam-se' a crescer: [...] parecem querer viver no eterno prolongamento de sua infância ou de sua adolescência".

Os adultos jovens, nos dias atuais, começam um processo de rejuvenescimento social, comportando-se como jovens, a exemplos dos homens indo trabalhar de bicicleta ou *skate*, das mulheres vestindo-se de modo mais despojado, semelhante a adolescentes. Esse cenário, influencia o momento da compra, em que esses consumidores buscam produtos voltados ao público mais jovem para sentirem que não estão envelhecendo.

De acordo com Martins (2015), fazemos parte de uma sociedade que induz o lado infantil no momento da compra, isto é, o gosto por produtos voltados ao público infantil ou remetendo a essa etapa de vivida. Esse ato parte das empresas em observar que o público adulto jovem se sente feliz ao ver uma camiseta, por exemplo, com estampa de desenhos ou séries que fizeram parte de sua juventude, e a venda desses tipos de produtos se intensifica e perdura até os dias atuais.

Segundo Barber (2010), a busca pela infantilidade é um processo de indução realizado pelos profissionais de *marketing* e publicidade em atender não apenas a um público único, expandindo as estratégicas de divulgação e atração de seus produtos também para o público mais velho. Em seus estudos, o autor verificou que essa estratégica de *marketing* surge em razão de o público adulto jovem se enquadrar em um grupo de consumidores que procura diversos tipos de produtos sem impor uma ordem de necessidade quanto àquilo que consome.

As empresas almejam esse tipo de comportamento por parte dos consumidores, que, como crianças, muitas vezes, agem por impulso no momento da compra e, com isso, geram-se lucros de vendas. Se apenas o lado racional se fizesse presente no momento da compra, garrafinhas estampadas com desenhos animados ou tênis usados na época de escola não venderiam tanto.

Com o aumento por esse consumo da juventude eterna, Barber (2010) afirma que o mercado investe nessa área e acredita ser algo próspero em uma sociedade consumista. As empresas, com o *marketing*, criam a teoria de que se deve fazer com que os consumidores permaneçam crianças, pelo menos com relação àquilo que consomem.

Os usuários, nos dias atuais, tornam-se alvos próximos de profissionais que realizam pesquisas mais elaboradas para obter um retorno emocional positivo, com o objetivo de atender à demanda desses usuários, que, por serem de uma mesma geração, têm gostos distintos, influenciados pelos meios de comunicação e pelas empresas, que capturam usuários por aquilo que criam, produzem e vendem.

Contudo, o designer, para atender a esse público, deve deixar de lado seus próprios desejos e fazer do usuário o foco do projeto, alguém próximo, que anteriormente era difícil de se conhecer.

5.4 Público adulto maduro

Usa-se o termo *idade madura* para designar mudanças no organismo e no corpo, assim como na relação social, na posição ocupada e nos comportamentos (Neri; Freire, 2000).

Os adultos maduros enquadram-se em um período compreendido dos 34 até os 60 anos, que, da mesma forma como as outras fases descritas nos tópicos anteriores, passam por mudanças físicas, mentais, sociais e culturais.

Figura 5.4 – **Adultos maduros**

Nadya_Art/Shutterstock

Segundo Amaro e Meira (2005), o público de adultos maduros deve duplicar de quantidade: os atuais 15 milhões passarão a 32 milhões em 2025, e o Brasil deixará de ser um país formado por jovens.

Essa geração começa a se preocupar com seus descendentes, em como criá-los e protegê-los, existindo um cuidado característico maior em transmitir seus conhecimentos adquiridos ao longo dos anos e suas habilidades, assumindo uma posição de responsabilidade e de autoridade (Erikson; Erikson, 1998).

Essas características de cuidado e preocupação, segundo Erikson e Erikson (1998), marcam um momento de pensar nas outras fases vividas e no que pode ser mudado com conselhos a seus descendentes. O ser adulto, para os estudiosos, é marcado pelo desenvolvimento humano, sendo essa fase de grande importância.

A geração dos adultos jovens é marcada pela busca de uma melhor qualidade de vida e, em consequência, depositam-se esperanças na fase seguinte, dos adultos maduros.

De acordo com Arnett (1998), a associação da qualificação profissional a uma melhor qualidade de vida e à estabilidade financeira, vivida na fase dos jovens adultos, deixa de ser prioridade na fase de adultos maduros.

Em estudos sobre a vida adulta, Reitzle (2006) afirma que existem categorias nas quais o adulto jovem se diferencia dos adultos maduros, por exemplo: sua formação profissional, a preocupação com a saúde e a busca pelo prazer – a qual podemos relacionar ao design emocional, o desejo de satisfação pela compra de produtos que transmitam e proporcionem sensações afetivas.

De acordo com Rosa (1994), essa geração é marcada por dois pensamentos: (1) fazer de tudo para continuar jovem e dinâmico, o que podemos associar ao cuidado com o corpo e à prática de atividades físicas; e (2) buscar relaxamento e não se preocupar com as mudanças que acontecem por conta da idade. Esses indivíduos se mostram mais maduros pelo modo como veem a vida e a si mesmos e não se preocupam tanto com o que as outras pessoas pensam sobre suas atitudes ou sobre o que possuem, visão bem diferente da fase jovem (Rosa, 1994).

A maturidade, para Flecha (1990), é saber como a vida opera, é realizar uma autoavaliação dos propósitos e sonhos; já conforme Rosa (1994), é saber que a vida pode parecer complexa e que isso é refletido pelas transformações da idade e pela transições das fases, pois, a fase em estudo é uma transição da juventude para a meia-idade, com a fase idosa tornando-se mais próxima.

No entanto, não podemos apenas falar em transições de idades relacionando o envelhecer, pois, segundo Rosa (1994), essa fase é repleta de realizações e monitorada pelo adulto maduro, mesmo nos deparando com uma sociedade inovadora e moderna, que caminha buscando valores jovens.

Os adultos maduros representam ainda uma influência na vida dos jovens, são aqueles que, no mercado empresarial, inspiram a moda, mostram o que ocorrerá na mídia, nos programas de TV e nas novelas, meios que interferem no comportamento independentemente da idade.

Rosa (1994) ainda frisa que, nessa geração, as pessoas estão organizadas com relação a seus atos e buscam por um estado econômico que os permita administrar sua casa e seus filhos, até que estes se direcionem na vida profissional e tenham estabilidade.

Adultos maduros são considerados pessoas de meia-idade e não absorvem a velhice com retração; elas buscam a satisfação pessoal e anseiam viver momentos e sonhos que não foram possíveis em outras etapas da vida, mudando a ideia antes formada de que teriam de aceitar a velhice, repousar e se aposentar.

A maturidade é vista como inovadora da vanguarda jovem, formada por pessoas com experiências e independência para realizar aquilo que desejam, ainda que enquadradas em uma faixa etária vista pela sociedade como de adultos mais centrados e responsáveis.

A geração dos adultos maduros se revela, de acordo com Laslett (1987), como uma experiência incomum de envelhecimento, pois, se antes envelhecer era sinônimo de aposentadoria, hoje é sinônimo de liberdade financeira, saúde e condições de alcançar as expectativas e os desejos pessoais.

Debert (2010), ao abordar o acompanhamento das evoluções tecnológicas, afirma que os indivíduos que comportam as idades mais avançadas dessa geração podem sentir um pouco de dificuldade na adaptação às inovações em razão da rapidez que elas acontecem, o que causa algum obstáculo até mesmo na produção profissional, visto que essa geração, em sua maioria, ainda faz parte do mercado de trabalho e precisa adequar-se às mudanças.

Muitas mudanças acontecem no lado social, em que as pessoas dessa geração têm a idade como algo que pode definir seu *status* na sociedade e, nesse sentido, já se pode observar adultos maduros, assim como adultos jovens, preocupando-se com o corpo, uma vez que ele é cartão postal estético perante a sociedade.

A idade passa a ocupar um perfil simbólico diante do comportamento e das transformações que ocorrem nas fases dessa geração, a qual privilegia a estética do simbolismo que os bens de consumo definem; e as pessoas os tornam referência em suas vidas.

Giddens (1992) afirma que a geração de adultos maduros estava sempre em ação, criando valores durante as etapas vividas, e, ao se falar de consumo, essa geração foge aos padrões, pois se sente livre para consumir aquilo que deseja, sem que seja cobrada ou sofra banalização. O que antes era rotulado por idades, com regras e normas impostas pela sociedade, nessa geração não mais funciona desse modo.

Esse novo mercado, no qual os consumidores adultos jovens e os maduros procuram o rejuvenescimento, vem se tornando uma tendência, pois muitas pessoas veem a velhice como um descuido com o corpo, com a aparência; o que se pode chamar de *velhice*, para elas, associa-se à ausência de atividades físicas e dietas ou descuido com o estilo de vida. Assim, o mercado oferece inúmeras dietas e conteúdos disponíveis na internet para que as pessoas renovem sua autoimagem e retardem o envelhecimento (Debert, 2010).

As pessoas que não se cuidam, não tentam preservar sua imagem e, acima de tudo, não se atentam à sua saúde envelhecem mais rápido e, na maioria das vezes, precisam mais de ajuda médica. No entanto, existe um paralelo entre a questão financeira e a falta de instrução, que Debert (2010) explica que pode causar o envelhecimento, não só por descuido, pois, algumas vezes, para se ter qualidade de vida, é necessário fazer parte de uma classe social razoável e que favoreça o autocuidado.

As organizações devem estar preparadas para enfrentar as mudanças advindas com a idade, de modo a atentarem-se ao comportamento do mercado consumidor, no qual os adultos maduros compreendem uma escala maior na sociedade.

A década de 1990, segundo Richers (1991), foi marcada pelo desenvolvimento da economia. Os profissionais de publicidade, *marketing* e design já se preocupavam e estavam atentos ao mercado, aos bens de consumo dentro das organizações e ao que seria produzido para chamar a atenção dessa geração de adultos maduros.

No entanto, Richers (1991, p. 14) também destaca:

> São ainda muito poucas as empresas brasileiras que adotam e implementam uma estratégia segmentativa, apesar das excelentes oportunidades que oferece. É, portanto, oportuno procurar lançar luz sobre este conceito e procurar demonstrar para que serve e para que não serve, dentro do contexto do nosso ambiente e mercado.

Assim, as empresas devem repensar o *marketing* no momento de divulgação dos produtos, pois estes, se desenvolvidos para atender a um público diferenciado, farão diferença também para a empresa, que assumirá um papel de destaque entre as demais (Richers, 1991).

A gestão do design surge nesse momento para organizar as etapas dentro da empresa, mostrando que, quando se oferta para diferentes públicos, o mercado se expande, e a organização se mostra em um patamar diferenciado das demais empresas. Esses profissionais, com relação aos produtos que criam, devem preocupar-se com idade, grau de instrução, nacionalidade e renda, pois esses pontos se enquadram em características do design emocional e da relação usuário-produto (Weinstein, 1995).

Segundo Zyman (1999), a geração de conceitos e o ato de projetar se tornaram peças fundamentais dentro das empresas. Os designers trabalham como matemáticos que se preocupam com os números e os cálculos para a obtenção do sucesso por meio do conhecimento dos usuários e do modo como direcionam seus projetos.

No mercado voltado para os adultos maduros, a adoção da divisão por segmentos e idades faz com que os dados sobre o crescimento mercadológico aumentem e, por conseguinte, adquiram um papel de maior relevância.

5.5 Público idoso

Os idosos, também conhecidos por fazerem parte da terceira idade, são considerados aqueles que apresentam idade superior a 60 anos. No Brasil, de acordo com o Censo Demográfico 2010, eles representam em torno de 20,5 milhões de habitantes (IBGE, 2010). Segundo Castro-Costa et al. (2013), essa população vem crescendo rapidamente em diversos países em desenvolvimento.

As pessoas dessa geração são mais organizadas, pois presenciaram o aumento da inflação, o que se reflete em sua preocupação com o estado financeiro, as despesas e o que podem vir a consumir.

Segundo Santos (2007), essa geração passou e ainda passa por processos de mudança em seu organismo e corpo, como a diminuição no ritmo de suas atividades habituais e fragilidade, e também no estado emocional e psicológico, refletindo no bom andamento de sua saúde.

Solomon (2016) dividiu a população por grupos etários, considerando também a idade psicológica, aquela que as pessoas decidem ter, pois o autor acredita que os idosos percebem a idade que têm e decidem o tipo de vida que terão na velhice.

Quando se estuda o fator comportamental, podemos tomar como referência a questão da quantidade aumentada de idosos compondo uma parcela alta da população. Moshis (1996) reforça que, na prática, não podemos classificar alguém como idoso apenas pela idade, erro que acontece muito no *marketing* no momento da divulgação dos produtos.

Os idosos, em sua maioria, procuram apartamentos para morar, fazem da televisão sua companheira, só saem de casa para realizar pequenas compras, ir à igreja, padarias ou frequentar grupos de idosos. Com o tempo, isso foi mudando e muitos idosos procuraram adaptar-se à vida saudável, saindo para caminhar e realizando exercícios físicos em parques, de modo que se tornaram consumidores mais ativos (Amaro; Meira, 2005).

Mesmo não sendo possível uma definição real de quem forma essa geração, Amaro e Meira (2005) afirmam que envelhecer biologicamente é observar as mudanças no corpo em razão das alterações biológicas e ficar mais suscetível a doenças, sendo esse processo natural.

Ao reduzir suas atividades motoras, os idosos aceleram o processo de envelhecimento e começam a sentir dificuldades de deslocamento e ao realizar atividades simples, como pegar um objeto em um armário mais alto ou se abaixar para pegá-lo quando cai.

Em pesquisas, Neri e Freire (2000) descobriram que envelhecer está relacionado à perda de capacidade e ao amadurecimento do corpo e, na maioria das vezes, isso é visto como um problema médico, em que os idosos são comparados às doenças que apresentam e à quantidade de remédios que consomem. Segundos os autores, "Na base da rejeição ou da exaltação acrítica da velhice, existe uma forte associação entre esse evento do ciclo vital com a morte, a doença, o afastamento e a dependência" (Neri; Freire, 2000, p. 8).

Todas essas alterações motoras fazem com que empresas e organizações voltem seu olhar a esse público de uma forma especial, e o design, nesse momento, é fundamental no processo de desenvolvimento e criação de produtos acessíveis a essa geração.

A ergonomia e o design emocional e social devem estar enfocados nos projetos, e os arquitetos, ao projetarem residências e realizarem mudanças arquitetônicas em vias e ambientes públicos, devem pensar em soluções que ajudem na locomoção e facilitem o tráfego de idosos.

A tecnologia também faz parte desse processo de evolução da população e da chegada do envelhecimento, facilitando os sistemas de aparelhos eletrônicos, como o celular. Hoje, as redes sociais e os canais de comunicação estão presentes constantemente na vida de todos, e na dos idosos não é diferente.

Figura 5.5 – **Idosos**

A distância demográfica e a correria cotidiana dos familiares faz com que os idosos se comuniquem com netos ou filhos, muitas vezes, por chamadas de vídeo. Nesse cenário, *sites* e sistemas devem contar com um leiaute mais fácil e leve para acesso e visibilidade, pois esses pequenos detalhes fazem diferença para esse público, que procura deixar de ser caracterizado como dependente.

Ao se falar em mercado, os idosos representam um público que merece atenção e que precisa ter uma qualidade de vida melhor, muito em razão de suas necessidades físicas e motoras, bem como por seu comportamento em relação às outras pessoas, ao seu modo de pensar e de enxergar as mudanças que a sociedade, o tempo e a cultura estabelecem.

A expectativa de vida dos idosos, segundo Esteves, Slongo e Esteves (2012), aumentou, e o mercado de produtos voltados para os cuidados com a saúde, como vitaminas e suplementos, também cresceu.

Esses consumidores já viveram muitas etapas de vida, criaram experiências e, diante disso, não são mais rotulados como aqueles que buscam a felicidade por meio da compra de objetos, satisfação por meio daquilo que adquirem. Por isso, esse público é, hoje, classificado como consumidores especiais, que fazem da compra de um simples sapato uma aventura, pois procuram aquele que se adéque à sua dificuldade óssea e proporcione conforto.

O mercado, de acordo com Araújo et al. (2015), já se preocupa em produzir com mais atenção aos idosos, objetivando vender produtos que se adequem à experiência e à exigência desses consumidores no momento de escolha e compra.

Nesse cenário, a comunicação visual age como canal de venda de produtos para essa população, até mesmo nos canais de TV religiosos. Muitos idosos sentem-se atraídos pela programação assistida e, no momento em que surge uma propaganda de algo voltado à sua idade, sentem-se encantados e realizam a compra. Essa é uma estratégica de *marketing* bastante utilizada nos dias atuais por empresas, que criam expectativas emocionais por intermédio da mídia.

A população de idosos retrata um novo interesse por empresas e marcas – que criam produtos voltados ao bem-estar –, muitas vezes por não encontrarem aquele produto que atenda às suas necessidades. Dessa forma, abre-se um novo nicho de mercado, voltado para consumidores com necessidades e expectativas especiais e que procuram produtos diferenciados.

Santos (2007) aponta que as empresas, ao conhecerem o público idoso a que direcionam seus produtos, trazem benefícios à sociedade, pois, como dito anteriormente, é uma população que só tende a crescer nos próximos anos.

O *marketing* e as empresas de propaganda devem entender que o *briefing* realizado para esse público deve ser diferenciado, pois, em sua maioria, costumam produzir campanhas que mostram o idoso como uma figura velha e feliz, o que não condiz com a realidade (Santos, 2007).

O designer, dentro das organizações que produzem produtos voltados ao público idoso, é um profissional que, em suas análises, deve considerar a ergonomia em seu processo de criação. Além disso, as pesquisas para conhecer esse tipo de usuário devem ser maiores e mais detalhadas, objetivando projetos que consigam atender às demandas de tal público. Devem existir testes quanto à usabilidade, à funcionalidade e aos materiais utilizados no processo de fabricação. Tudo deve ser pensado em um processo empresarial de gestão do design, como vimos nos capítulos anteriores.

Hunter Bliss Images/Shutterstock

CAPÍTULO 6

DESIGN E SUA RELAÇÃO COM O EMOCIONAL

As pesquisas sobre a relação do design com o emocional são recentes e foram realizadas porque pesquisadores sentiram a necessidade de implantar o design emocional em várias áreas que o design engloba. Esse campo já era abordado intuitivamente pelos designers no momento da realização de seus projetos, quando eles pensavam nas necessidades dos usuários ou quando buscavam atender a algum desejo pessoal de determinada pessoa. Sob essa perspectiva, neste capítulo, trataremos das diversas áreas de atuação do design e sua relação com o lado emocional.

6.1 Emoção no design de produtos

Como vimos nos capítulos anteriores, a Revolução Industrial aconteceu na Europa nos séculos XVIII e XIX e causou grande impacto na sociedade, principalmente no lado profissional, pois os artesãos, que realizavam seus trabalhos em ateliês e fabricavam produtos exclusivos, passaram a ser substituídos por fábricas, nas quais os produtos eram fabricados em série.

Essas mudanças resultaram em um processo de reformulação no modo de agir e pensar dos trabalhadores e da sociedade como um todo. Com o passar do tempo, as pessoas transformaram seus modos de ver e sentir os produtos fabricados, e o lado afetivo da relação produto e usuário também mudou (Troiano, 2009).

Quando eram fabricados pelos artesãos, os produtos transmitiam sentimentos, pois sua fabricação era solicitada diretamente pelos usuários, que depositavam neles anseios, uma vez que aquilo supriria sua necessidade momentânea ou realizaria o desejo de posse de um item feito sob encomenda. Já ao serem fabricados em série, os produtos deixaram de exprimir sentimentos e, assim, iniciava-se a era da tecnologia, do surgimento das máquinas e da substituição dos trabalhadores.

Foi nesse período também que o design surgiu, pois houve necessidade de um profissional que melhorasse o processo de produção e pensasse no melhor desempenho dos produtos e na forma. Assim, esse profissional agregaria valor aos produtos, que se destacariam em comparação aos fabricados por outras empresas, surgindo, com isso, a visão social inserida nos produtos projetados.

Segundo Mont'Alvão e Damazio (2008), o design emocional já começava a ser implantado nesse momento de revolução e mudança, em que o produto não era visto apenas pela forma que apresentava, mas também pelo uso que se faria dele. As pessoas tinham de se sentir impulsionadas a comprar os produtos e assimilar os efeitos que eles causariam em suas vidas.

A função do design nos produtos veio como forma positiva dentro da sociedade, modificando também o processo produtivo e unindo usuários, produtos e fabricantes. O lado simbólico se fez presente no momento em que as empresas tiveram seu foco voltado para os consumidores, em que os produtos começaram a ser direcionados e pensados para o lado humano, e não apenas para o lado operacional e funcional.

O designer, segundo Niemeyer (2008), é o profissional que faz as emoções serem materializadas por meio de valores, símbolos, forma e usabilidade que colocam em cada projeto, adequando-o ao estilo do usuário. Essa relação entre o design e a emoção é, conforme o autor, uma maneira de integração, de união de pensamentos, que, por meio de produtos, busca alcançar o lado emocional individual de cada pessoa.

Com os produtos, é possível atender aos desejos afetivos dos usuários, desejos esses que provocam sentimentos variados, como alegria, satisfação, raiva ou desconforto. Esses sentimentos são reações transmitidas pelas funções simbólicas, estéticas e práticas passadas pelos produtos. A **função simbólica** é a mais importante junto ao lado emocional, como demonstrado por pesquisas na área.

Nesse sentido, é possível determinar a função simbólica dos produtos por meio de estudos sobre os valores culturais e sociais dos usuários aos quais se destina o projeto.

Cada produto apresenta características atrativas ao olhar dos consumidores e, entre essas características, encontra-se a simbólica, na qual é gerada a representação da autoimagem e, também, na qual é descrito como é o usuário e como ele se comporta com relação aos produtos.

Por isso, as empresas atribuem importância ao conhecimento do público-alvo e à compreensão de diversas culturas: para encontrar o produto que mais se adequa e é atraente aos consumidores. Contudo, essa tarefa torna-se difícil quando não há uma equipe qualificada nem planejamento organizacional na empresa, já que os valores simbólicos passados aos usuários podem ter resultados positivos ou negativos.

Os produtos carregam um grande valor simbólico, como podemos notar com relação às pessoas que se apegam a objetos que pertenceram a seus avós ou que ganharam de uma pessoa importante.

Atualmente, o valor simbólico dos produtos tem tanta importância nas empresas quanto os valores financeiros e tecnológicos. Como exemplo, podemos citar os eletrodomésticos e eletroeletrônicos, que antes eram escolhidos pelo valor funcional e tecnológico e, hoje, são os valores estéticos (forma, cor, aparência) e o sentimento que transmitem que influenciam na decisão de compra do consumidor (Ravasi; Rindova, 2013).

De acordo com Russo e Hekkert (2008), o valor simbólico é um fator preferencial das pessoas; por meio dos símbolos e do que os produtos representam, as pessoas podem seguir os valores que a sociedade impõe e vivencia, criando uma conexão entre o ter e o ser social de cada indivíduo, de modo que sua identidade possa ser vista e percebida por intermédio daquilo que possuem.

As pessoas criam uma relação de identidade, de valores com os produtos. É possível conhecer uma pessoa pelo que ela veste, ouve ou come, pelo celular ou carro que possui. Esses estereótipos criados, muitas vezes, podem ser apenas por questões de aparência ou por desejo de se enquadrar na sociedade ou no grupo de amigos.

Ao presentear alguém, geralmente, procuramos um produto que se pareça com essa pessoa, tomando como base o lado emocional, ou seja, procurando algo da cor ou da marca preferida dessa pessoa, por exemplo. O simbolismo e a estética estão presentes nesse momento de escolha e decisão.

Podemos tomar como exemplo um automóvel, que, segundo Pêssoa, Barros e Costa (2017), é adquirido tanto pelo seu valor estético quanto pela necessidade de um veículo para locomoção, além de, conforme Pizzarro e Andrade Neto (2013), serem objetos que transmitem, primeiramente, prazer a seus usuários e, depois, valores estéticos e sociais. Os homens criaram a cultura do ter como um fator modal, em que se almeja possuir algo pela cultura material, e não pela funcional.

Norman (2004) afirma que os produtos são produzidos para atender às emoções e ao mercado no momento de compra e venda, pois os consumidores estão sempre em busca de satisfação e bem-estar e encontram essas sensações nos produtos, no novo.

Algumas vezes, inclusive, os consumidores procuram esse novo para seguir padrões da sociedade, o que resulta na substituição rápida dos produtos, tornando-os efêmeros. Bauman (2008, p. 128) faz uma crítica a esse cenário, afirmando:

> A cultura consumista é marcada por uma pressão constante para que sejamos alguém mais. Os mercados de consumo se concentram na desvalorização imediata de suas antigas ofertas, a fim de limpar a área da demanda pública para que novas ofertas a preencham [...]. Mudar de identidade, descartar o passado e procurar novos começos, lutando para renascer – tudo isso é estimulado por essa cultura como um dever disfarçado de privilégio.

O designer de produto é essencial na produção e na criação de uma relação entre o usuário, o produto e as emoções, além de ser capaz de determinar as características e os significados que os objetos podem causar nos usuários. Segundo Sales (2009, p. 13), o designer agrega valores aos produtos e, além de criatividade e inovação, esse profissional cria empatia com seus clientes, deixando "de ser um mero prestador de serviços para ser um parceiro, traduzindo a mensagem do cliente para o público, buscando diferenciações que identifiquem o cliente de forma exclusiva, de acordo com a sua personalidade".

O simbolismo inserido nos produtos fez com que o design se tornasse difundido e implementado em diversas empresas, pois é sabido que o uso da criatividade nos projetos não só traz emoção, mas também serve como meio de comunicação com o usuário.

Trabalhar com emoções no design muda o conceito de que o profissional dessa área apenas projeta algo para alguém, pois, nesse contexto, ele projeta sentimentos, concretiza sonhos e constrói valores que podem tornar-se presentes na vida dos indivíduos (Ribeiro, 2009).

O design emocional fortalece a relação entre usuários e produtos, e essa relação aumenta quando o usuário envolve-se com objeto, criando sentimentos, lembranças e experiências que ficam na memória.

Os objetos transmitem emoções, mas, de acordo com a psicologia, as emoções não estão presentes nos produtos, pois são as pessoas criam os sentimentos pelos objetos, e essas emoções acontecem pela interação do usuário com o produto e pelas conotações que os indivíduos criam, formando novos significados emocionais.

Muitos estudos foram realizados para descrever a relação da emoção com o design e a relação entre indivíduo, produto e emoção. Assim, percebeu-se a necessidade de estudar o usuário antes de se iniciar o processo de criação, de modo a facilitar o desenvolvimento de conceitos, resultando em um produto no qual é possível identificar características básicas do design, como função, forma e usabilidade, e aquelas transmitidas pelas emoções, como prazer, desejo, raiva, felicidade, satisfação etc.

Todavia, ainda são necessários estudos que interliguem a emoção à criação de produtos na área de design, contemplando o funcionamento psicológico dos usuários e da sociedade em que ele vive.

6.2 Emoção no design gráfico e editorial

Design gráfico é a área de atuação do design que engloba criar, produzir e desenvolver peças da comunicação visual, como livros, revistas, jornais, folhetos, cartazes, *banners* etc., que, em sua maioria, enquadram-se no processo impresso. No entanto, na atualidade, com o avanço da tecnologia e a consequente evolução no modo de comunicação e transmissão de informação, muitos desses exemplos citados passaram a ser disponibilizados também no formato digital (Cardoso, 2021).

Especializado no desenvolvimento de projetos de sistemas visuais de maneira virtual e física, o design gráfico é responsável pela organização e pela geração de informação, sendo peça fundamental no processo de formação de uma empresa no momento de criação da identidade visual (logomarca e todos os elementos que fazem parte da organização impressa e virtual).

Para entendermos o surgimento do design gráfico, remontamos ao surgimento das primeiras civilizações, que criaram meios de se comunicar sem o auxílio da escrita. Essas civilizações registravam o que acontecia em seu cotidiano por meio de desenhos em pedras, as denominadas *pinturas rupestres*, remetendo-se à rocha. Ainda é possível encontrar esse tipo de pintura em sítios arqueológicos.

Sabemos que o intuito das pinturas rupestres não era expressar o lado criativo, mas registrar acontecimentos, repassando a história a outras pessoas por meio de símbolos, que mostravam o modo de caçar, os rituais religiosos e as atividades cotidianas.

Com o passar do tempo, as técnicas de registro foram se aperfeiçoando e surgiram os escribas, pessoas que dominavam a escrita e registravam as normas dos regentes da época. Depois, surgiram outros profissionais, muitos dos quais atuam até os dias de hoje: artistas de leiaute, que faziam da escrita seu ofício; impressores, que, com o auxílio de máquinas e a colocação letra a letra, conseguiram as primeiras formas de impressão, tornando as criações palpáveis de modo bidimensional; tipógrafos, que criaram os desenhos das primeiras fontes para a escrita, até que tivéssemos as fontes usadas atualmente, como Arial, Verdana, Tahoma, entre outras; retocadores, que auxiliavam no processo de construção dos materiais impressos; e ilustradores, que criavam os primeiros desenhos, os quais, junto aos textos, expressavam fatos do cotidiano.

Com o crescimento acelerado das cidades, houve a necessidade de meios de comunicação e de transmissão de informações mais intensos e dinâmicos. Foi assim que o design gráfico foi se consolidando e acompanhando todo esse desenvolvimento industrial e cultural da sociedade.

O design gráfico como o conhecemos hoje surgiu por volta dos séculos XIX e XX. O termo *gráfico* derivada do grego *graphein*, que remete à escrita, à descrição, ao desenho, à grafia e ao grafite, e se ramifica para outras palavras que terminam em *grafia*, como fotografia, geografia e tipografia.

A tipografia, por sua vez, marca a criação dos primeiros alfabetos, sendo aperfeiçoada com o tempo e adotada por diversas civilizações que criaram e adotaram formas próprias dela. Hoje, ela também é utilizada na área gráfica (Cardoso, 2021).

Nesse contexto, surgiram as primeiras gráficas, empresas responsáveis pela impressão de criações de artistas e outros profissionais, que enviam seus trabalhos para serem materializados da forma impressa e em uma quantidade maior de folhetos e jornais.

Nos dias atuais, as gráficas ainda realizam a impressão de livros, revistas, cartões, cadernos etc., e com o auxílio de um profissional do design, que, com os conceitos e a expressão visual, torna esse trabalho mais viável, dando forma adequada ao pedido dos clientes.

Hoje, o design gráfico é empregado também na criação de placas, letreiros, *outdoors*, textos em edição de filmes ou programas de TV, assim como no *web design* e na programação visual para a criação de páginas na internet.

Segundo Cardoso (2021), *gráfico* é um termo que também abrange outras áreas que fazem uso da escrita e de desenhos a serem impressos, não só utilizando o papel como matéria-prima.

Surgiu com as serigrafias, que estampavam camisas, tecidos e outros objetos, colocando as ideias em prática, e se expandiu para a xilogravura, técnica que grava na madeira e no couro.

Para tanto, o design envolve tanto a criação de projetos industriais quanto promove toda a forma de interação entre objeto e usuário, em que a área gráfica também se enquadra por expressar formas que denotam uma relação com os indivíduos.

O uso da atividade do design gráfico foi e é necessário em diversas áreas, auxiliando na editoração, na ilustração e na comunicação dos projetos e fazendo com que o cliente se sinta mais atraído pelo trabalho realizado.

Na área de editoração, o design gráfico trabalha no processo de diagramação, leiaute e disposição de figuras, fotos e textos em um melhor arranjo de páginas. Além disso, trata e aperfeiçoa imagens antes de serem levadas para impressão, retirando imperfeições de maneira digital com auxílio de programas computacionais como o Photoshop e o Adobe Ilustrator.

O designer gráfico usa a criatividade para, com o auxílio de técnicas de editoração, transformar os projetos e as mensagens que lhe são solicitados em realidade, transmitindo-as com certo simbolismo, pois utiliza símbolos para gerar essa relação de aproximação entre o público e o trabalho (Hoeltz, 2001).

O design gráfico é essencial nessa relação entre o profissional e o usuário, pois trabalha a comunicação e a informação a ser transmitida. Por meio de seus projetos gráficos, o designer se envolve com as pessoas, adentra seus espaços e suas casas com os trabalhos que realiza, tendo como resposta emoções que os indivíduos sentem ao receber e ver as peças produzidas.

As emoções no design gráfico foram estudadas para que se comprovasse sua existência, percebendo-se que elas estavam presentes nos primeiros contatos com o material e durante seu uso. O design na forma de interação segue princípios da psicologia, em que a emoção intervém no modo de pensar e agir das pessoas, o que se verifica, segundo Krening, Silva e Silva (2016), no uso dos produtos e no que os usuários sentirão ao utilizá-los.

O profissional do design gráfico deve projetar com base na forma como as pessoas visualizam o produto, leem e observam as informações passadas. As imagens para a área gráfica têm uma função primordial: chamar a atenção dos usuários, e, portanto, percebemos o lado estético e visual unido à emoção que os usuários sentem ao terem contato com o objeto (Knebel; Pizzato; Scolaro, 2017).

A apresentação visual e os objetos de comunicação podem causar no usuário alta repercussão emocional. Todos os dias somos envolvidos por imagens e mensagens transmitidas pelos meios de comunicação, tanto físicos quanto virtuais, como revistas, *outdoors*, adesivos em ônibus, totens, cartazes, folhetos, cartões de visita, embalagens, *sites*, páginas informativas nas redes sociais, enfim, inúmeros meios pelos quais nosso cérebro cria um banco de imagens na memória, e cada uma dessas imagens pode despertar algum tipo de emoção (Dziobczenski et al., 2011).

Dessa forma, as emoções transmitidas pela comunicação visual e pelo design gráfico são aquelas que surgem da memorização. De acordo com Dziobczenski et al. (2011), as imagens com grande força visual são mais bem lembradas e memorizadas pelos usuários, gerando, assim, diversos tipos de sentimentos, diferentemente de um projeto que não chame tanto a atenção, seja apático aos olhos e ao cérebro, que recebe e transmite os estímulos ligados ao lado emocional.

O impacto visual pode ocasionar sensações fisiológicas, como suar por causa da adrenalina ou ter a pupila dilatada em razão das emoções. Segundo Barreto e Silva (2010), os meios de comunicação provocam essas sensações emocionais assim como a memorização, em razão de algum choque transmitido, por exemplo: quando assistimos a alguma propaganda comercial em que um senhor idoso sai correndo pela casa ou uma senhora de 80 anos dança na chuva. Esses exemplos mostram uma situação não habitual, que ficará guardada em nossa memória em virtude do impacto que causou.

Com o auxílio do design gráfico, é possível ocasionar e despertar o olhar dos indivíduos por meio dos projetos, e não apenas transmitir a informação desejada. As pessoas já estão habituadas a ver letreiros ou panfletos espalhados pelas cidades, e um projeto sem apelo visual tende a ser mais uma informação perdida, não captada.

É preciso pensar na tríade do design: função, forma e usabilidade; e, em projetos gráficos, assim como em outras áreas, é necessário também focar no lado emocional, seja por meio de uma imagem, seja por meio de uma reportagem em uma revista impressa ou virtual.

De acordo com Coelho (2013), os homens são racionais, porém emotivos, por isso, os projetos de comunicação visual devem gerar um gostar, um atrair e um memorizar do indivíduos. Os autores ainda afirmam que a forma não segue apenas o lado funcional, mas também o emocional.

A emoção deve representar um mecanismo de ligação no momento de decisão das pessoas, e os trabalhos gráficos devem fazer essa ligação para que consigam alcançar o sucesso apoiados nas emoções.

No design gráfico, o profissional deve seguir o princípio do design emocional, sendo necessário conhecer os usuários aos quais se dirige o projeto antes de iniciar o processo de criação e de produção. A emoção se faz presente nos primeiros contatos criativos existentes nos projetos e se estende até que o produto chegue às mãos ou ao olhar do usuário pelos meios de comunicação.

A comunicação visual é composta de valores, ideias e conceitos, bem como de sonhos, pois, pelas imagens ou pelos vídeos publicitários, as pessoas se imaginam vivenciando algum momento que esteja presente no projeto e, assim, decidem adquiri-lo ou, ao menos, recebem a informação passada.

No momento da geração de alternativas em um projeto, o conceito que apresentar maior significado e despertar mais emoções será o melhor, e o designer, juntamente à sua equipe de trabalho, deve ter a sensibilidade de analisar e escolher aquele que se adequa ao público-alvo.

Entretanto, o design gráfico pode passar por desafios no momento de uma campanha publicitária, por exemplo, em que inúmeras empresas querem vender seus produtos por intermédio do apelo visual e da informação transmitida. Estamos envoltos por meios de comunicação de diversos tipos e, por isso, é necessário pensar em como se usa a informação e a criatividade nos projetos realizados, considerando sempre as emoções, que são primordiais na decisão dos indivíduos.

6.3 Emoção no design de *games* e na animação

Os jogos eletrônicos surgiram na década de 1960 e, por sua boa aceitação e popularidade, continuaram se desenvolvendo tecnologicamente, passando a ser usados no computador. A resolução das imagens também foi se aprimorando e tornando-se cada vez mais real, sendo atrativa.

Design de *games* é a área responsável pelo desenvolvimento de jogos eletrônicos tanto para uso em campanhas publicitárias quanto voltados à educação e ao entretenimento. No campo da animação, tem-se a criação de projetos em 2D ou 3D para campanhas comerciais e publicitárias, cinema, televisão, jogos e conteúdo para *sites* da internet.

Esse profissional é incumbido de estudar as tendências de mercado e as artes voltadas à animação digital e à elaboração de roteiros para cinema e novela, bem como aplicativos para *smartphones* e programas audiovisuais. Diante desse vasto campo de atuação, deve estudar o mercado e o público que deseja atingir.

Segundo Studart (2015), é possível definir *games digitais* como metas, regras e objetivos a serem cumpridos, pois eles envolvem competição, desafio, combate, disputa, diversão e interação dos participantes.

Os *games*, no princípio, eram projetados para diversão e entretenimento de crianças e jovens, que, quando não os tinham em casa, dirigiam-se a *lan houses* e passavam horas jogando. Hoje, é possível acessar *games* em dispositivos móveis, pelo computador, por *smart* TVs, entre outras plataformas de acesso que ajudam no momento de procura pelos jogos.

Muitos pesquisadores viram que o design de *games* e a animação poderiam ser utilizados em outras práticas. Além de serem projetados para diversão, os *games* estão sendo utilizados como auxílio pedagógico, voltando-se ao ensino e à aprendizagem. A educação está inserindo os jogos em aulas para melhorar a aprendizagem e a captação da informação pelos alunos, causando mudanças favoráveis tanto no meio educacional quanto no social (Studart, 2015).

Na década passada, a implementação de *games* em práticas educacionais era conhecida como *game-based-learning*, a aprendizagem pelos jogos, ajudando no ensino e na aprendizagem. Com o tempo, surgiu a técnica de **gamificação**, que também se alia à educação e não usa apenas jogos comerciais, prontos, mas cria dinâmicas que se adaptam aos assuntos abordados. Desse modo, com o princípio dos jogos, é possível realizar uma aula mais participativa e dinâmica (Rezende et al., 2013).

A gamificação é aplicada também às áreas de *marketing*, aos ambientes *web*, aos processos seletivos empresariais e aos treinamentos de funcionários. De acordo Fardo (2013), consiste em envolver os colaboradores e os usuários com o objetivo de obter mais engajamento e participação.

Faculdades, universidades e escolas estão implementando os jogos como um novo caminho na educação, no qual os alunos podem vivenciar experiências em que, por meio das emoções, os assuntos pareçam se tornar mais atrativos, e a rotina, diferenciada, promovendo mais participação no ambiente educacional. Mattar e Nesteriuk (2016) explicam que, com a implantação de jogos nas práticas educacionais, causa-se uma vivência importante, pois os alunos aprendem jogando, e as aulas não devem ser vistas como algo que remeta ao sofrimento. No entanto, os jogos são apenas uma ferramenta de auxílio ao docente.

Ainda sobre o uso dos jogos na educação, pesquisas foram realizadas com alunos com algum distúrbio que dificulta o aprendizado, como dislexia e déficit de atenção. Nessas pesquisas, percebeu-se que, com o uso de *games* nas atividades escolares, obteve-se mais concentração, criatividade e atenção, resultados bastante satisfatórios (Mattar; Nesteriuk, 2016).

Os *games* proporcionam àqueles que estão jogando emoções, habilidades de conhecimento, aprendizagens de atitudes diversas que podem fazer referência à realidade e tornar o jogador apto a lidar com problemas, dos mais simples aos mais complexos, e com situações do dia a dia, tornando-os independentes (Mattar; Nesteriuk, 2016).

Mattar (2014) reforça ser importante lembrar que os *games* surgiram em uma geração digital, e os jogadores fazem parte dessa nova cultura, dessa nova realidade, na qual o brincar e a tecnologia já fazem parte de seus hábitos, fazendo parte de suas atividades. Dessa forma, implementá-los na educação é uma maneira de trazer as atividades cotidianas para a sala de aula.

> O design de games compartilha características com o design educacional, e os princípios de design de games estão associados a princípios de aprendizado, podendo então ser aproveitados na educação. Como educadores, precisamos procurar compreender como os designers de games conseguem atrair as pessoas para aprender games complexos, longos e difíceis. Os designers de games utilizam métodos eficientes para fazer as pessoas aprender e gostar de aprender, sendo, por isso, teóricos práticos do aprendizado. Precisamos então prestar atenção a bons jogos de computador e videogames, e aplicarmos os princípios de aprendizado que eles envolvem. (Mattar, 2014, p. 43)

Os educadores não devem apenas fornecer animações ou jogos, mas analisar como usá-los em aula, pois os métodos de interação envolvem estados, ações, regras, habilidades e objetivos. Portanto, deve ser observado o comportamento dos alunos e como as emoções são expressas pelas atividades e metodologias desenvolvidas.

As pessoas contam com diferentes formas e habilidades de lidar com o jogo, e as competições podem existir na dinâmica proposta, de modo a proporcionar o desejo por uma segunda experiência caso ela tenha provocado emoções satisfatórias. Contudo, é necessário atentar-se ao fato de que existem pessoas que podem enxergar a competição de maneira negativa, vivenciando frustação ou vergonha em meio aos demais colegas por não obterem um resultado positivo no jogo. Quando situações de negação ocorrem, Mattar e Nesteriuk (2016) afirmam que o educador pode reforçar ao jogador que ele terá uma nova chance de recomeçar de onde parou, transformando, então, o sentimento de vergonha em oportunidade de recomeço e de aprendizagem com o erro.

Assim como os jogos, as animações são recursos do campo digital que utilizam imagens, desenhos, fotos, gráficos e ilustrações para expressar um tema, criando movimento. Têm a função de captar a atenção das pessoas por meio de movimentos e efeitos audiovisuais, podendo ser utilizadas não só no campo infantil, mas também na educação, de modo a tornar as aulas mais dinâmicas e o assunto mais leve e de fácil entendimento.

O uso de filmes ou de documentários promove uma troca de experiências positivas, e o designer de jogos e animações devem ter essa sensibilidade de entender como um jogo e uma animação são vistos e utilizados pelas pessoas em seus diversos ambientes.

A internet fornece uma variedade de trabalhos realizados por designers que podem ser utilizados em práticas educativas, eventos religiosos, atendimentos psicológicos, atividades recreativas etc., incorporando, assim, novas técnicas para abordar diversos temas e para provocar emoções (Studart, 2015).

Segundo Rezende et al. (2013), quando a emoção é incorporada na etapa de criação de jogos e animações, proporciona sentimentos como raiva, motivação, alegria, satisfação e prazer aos usuários. Além dessas emoções, os usuários podem demonstrar, segundo Noteborn et al. (2012), realização pelo que assistiu ou jogou, bem como esperança, desânimo, orgulho, ansiedade ou raiva. Tais sentimentos, muitas vezes, não são observados nas etapas de elaboração do projeto e podem surgir posteriormente nos indivíduos.

Nos jogos digitais, as emoções surgem para motivar o jogador e tornar aquele momento prazeroso, fazendo com que ele sinta vontade de continuar jogando. São também sentimentos que devem ser analisados nas etapas de criação, de desenvolvimento e de testes de jogos e animações.

As emoções são responsáveis pelo sucesso que *games* ou animações terão no mercado, pois são elas que despertam o interesse em consumir o jogo ou o filme. Com as experiências vivenciadas pelos indivíduos, é possível verificar se o trabalho foi produzido com sensibilidade. Para Rezende et al. (2013, p. 268), a sensibilidade releva-se quando vivências do cotidiano são retratadas por jogos e animações, demandando "atenção especial, uma vez que oferecem réplicas do mundo real, além de serem sociais e interativos, são universos artificiais com as suas próprias regras, política, cultura, ética e economia, sendo assim, capazes de satisfazer as diferentes ânsias dos jogadores".

Muitos pesquisadores acreditam que *games* e animações representam um significado social e cultural, uma vez que proporcionam desafios que motivam os participantes. Além de transmitir emoções, podem promover benefícios morais e intelectuais, como tomada de decisão rápida, avaliação de situações e cumprimento de prazos. Todos esses benefícios favorecem o engrandecimento pessoal tanto das crianças quanto dos adolescentes e adultos, que buscam, além de diversão, novas possibilidades de aprendizado.

Quando se trata de projetos de cinema ou televisão, o design ligado ao lado emocional não deve ser associado às artes, pois um explora o lado poético, e o outro, o técnico. Dessa forma, mesmo utilizando as emoções como referência para a elaboração e a produção de *games* ou animações, é necessário considerar a tríade do design: funcionalidade, forma e estética.

O design emocional deve unir-se ao lado técnico, sendo incorporado para conhecer o usuário e os sentimentos transmitidos e sentidos por ele ao utilizar um produto. Nesse caso, ao criar uma animação ou um *game* como forma de diversão, o designer deve ligar o técnico ao emocional para criar um material completo e com um retorno satisfatório.

Na animação, a transmissão das emoções acontece tanto pelo enredo quanto pelos personagens e suas ações e feições. O público, assim, tem empatia ou antipatia pelo que vê e pela mensagem que está sendo passada. O animador deve conquistar a atenção do público pela mensagem, além de se preocupar com o personagem retratado, pois, nas animações, as emoções são vivenciadas por intermédio das expressões dos personagens e o quão real elas aparentam ser (Hooks, 2011).

De acordo com Silva (2016), para usar a emoção como meio de cativar o público, é preciso conhecer não só as pessoas, mas entender os sentimentos que elas vivenciam, de modo a colocá-los nos projetos e, assim, conseguir que os personagens transmitam a mensagem da melhor forma, obtendo um *feedback* favorável.

Contudo, diante do que foi visto com relação aos *games*, às animações e às emoções, é possível depreender que os designers devem criar métodos de interação com o público-alvo por meio de seus personagens e da mensagem que desejam transmitir, não deixando de lado as técnicas de análise que fazem parte da construção dos conceitos do design.

6.4 Emoção no design de moda

A palavra *moda* deriva do francês *mode* e, normalmente, é associada ao vestuário e aos respectivos acessórios, como bolsas, sapatos e demais peças, mas, hoje, o termo é empregado a vários tipos de produtos que seguem uma tendência, como automóveis, mobiliário e, até mesmo, alimentos. Tal termo pode ser usado, ainda, para definir hábitos criados ou impostos por uma região que segue uma cultura, um costume que pode ser duradouro ou, na maioria das vezes, efêmero.

Os indivíduos seguem hábitos que a moda dita, e o consumismo surge quando eles decidem seguir as preferências divulgadas, iniciando um processo repetitivo de fazer, consumir e usar. A moda pode sugerir escolhas às pessoas, mas também as impor, regulá-las e mudá-las.

Segundo Trinca (2004, p. 48),

> O fenômeno moda, tal como o conhecemos, com sua lógica serial, seus mecanismos de obsolescência e sua constante renovação de cores, modelos e tecidos efetivou-se enquanto consumo de massa somente na metade do século XX. No início de seu surgimento, que ocorreu no Ocidente no período do Renascimento, a moda se limitava à Corte, e era utilizada como ornamento diferenciador e distanciador entre a nobreza e as camadas burguesas.

Com a Revolução Industrial, o setor têxtil iniciou um processo de mudança não só nos produtos industriais, mas também na produção de vestimentas, e o trabalho que antes era executado pelos tecelões passou a ser feito pelas máquinas. Esse processo revolucionário influenciou e dinamizou alguns setores como a metalurgia, que criava e desenvolvia peças de metal para serem colocadas em roupas e calçados, e a indústria química, que fabricava tintas para a coloração dos tecidos, inclusive algumas cores, como o dourado, denotavam *status* de riqueza, uma vez que eram muito utilizadas pela nobreza.

Para Sant'Anna (2007), a moda planeja e estrutura as relações sociais, em que a aparência vem em primeiro lugar, implantando significados. De acordo com ela, nesse contexto, o vestuário dita um novo modo de pensar e viver das pessoas, levando-as a preferir o novo e a cuidar de sua aparência.

> Portanto, mais que uma nuança da sociedade global, a moda é entendida como a própria dinâmica de construção da sociabilidade moderna e, como tal, a aparência pode ser entendida como a própria essência desse universo. Na dinâmica da moda, o sujeito moderno adquiriu a legitimidade de viver na aparência, de abandonar a religião, os ideais revolucionários e políticos, de buscar mais o prazer de viver do que sua compreensão. É na aparência que o sujeito moderno encontra o porquê de viver. (Sant'Anna, 2007, p. 88)

Nesse sentido, tendência e moda ditada pelo novo são características que surgiram com o tempo e, de acordo com a análise de pesquisadores, sentimentos como a atração impulsionam as pessoas a possuírem o que é atual, descartando o antigo, ocasionando um seguir de pensamento alheio que abole o fazer as próprias escolhas (Rech; Perito, 2009).

Anteriormente, o vestuário tinha a função de cobrir o corpo como uma forma de proteção. Com o passar do tempo, a sociedade foi tomando-o como algo que proporciona e estimula o prazer, pois demonstra a personalidade, o estilo e o comportamento do indivíduo.

As roupas e os acessórios foram associados a processos, sendo eles fisiológicos, quando necessários ao dormir, ou sociais, quando relacionados ao lado intelectual; além de se fazer necessário o uso de roupas adequadas a uma ocasião mais formal. As pessoas começaram a nutrir pelas roupas sentimentos particulares, como prazer, satisfação, desejo, rejeição, e as emoções as faziam apresentar prazeres chamados *fisiológicos*, como o sentir o tecido, seu cheiro, sua textura e observar melhor aquilo que adquiriam.

Segundo Bürdek (2006), a crítica de outras pessoas com relação ao que se vestia causava emoções que modificavam o modo de agir e de pensar dos indivíduos, como se fosse necessária a opinião de outras pessoas para ditar a comunicação entre os membros da sociedade.

O design de moda, nesse processo histórico, surgiu da necessidade de se ter um profissional que criasse e desenvolvesse produtos que estimulassem as emoções em seu uso. O trabalho do designer, assim, tinha a finalidade de criar artefatos com características que envolvessem função, forma, cor, materiais, texturas e, por meio delas, chamar a atenção do consumidor. A estética fazia com que as pessoas se sentissem atraídas bem antes de pensarem na funcionalidade do produto (Freire, 2009).

Entre as fases de criação em moda, Moraes (2008, p. 157) cita a aceitação, o lançamento, a cópia e o descarte pelo tempo de uso, e, nesse cenário, é preciso pensar em estratégias de colocação no mercado, portanto, segundo ele,

> hoje, é necessário (como nunca) estimular constantemente as vendas através da diferenciação pelo design, pela publicidade, pela comunicação e pela promoção. Isso se deve à drástica mudança de cenário, que o estático passou a ser imprevisível e repleto de códigos, ou seja: tornou-se dinâmico, complexo e de difícil compreensão.

A criação não acontece apenas na etapa de inspiração, na qual o croqui simboliza o fazer criativo, estende-se do modelo protótipo, chamado de *piloto*, até a materialização do produto criado e sua posterior colocação no mercado.

A decisão dos consumidores pela compra é, de acordo com Solomon (2016), um desejo de se fazer presente na moda. Pelo desejo de consumir, as pessoas escolhem as roupas de acordo com as estações do ano, fazendo com que o designer acompanhe todos esses momentos e essas variações que a moda impõe.

Os produtos são colocados no mercado em uma velocidade muito rápida, e as tendências da moda acompanham essa evolução. Assim, o profissional do design, além de participar do processo de criação e de desenvolvimento das peças, passa a usar a tecnologia e as redes sociais para acompanhar a evolução e a repercussão de seu trabalho.

O consumir transformou o corpo em um tipo de produto, que deve seguir os padrões que a moda e a sociedade ditam. As emoções que os produtos desse seguimento passam aos consumidores começam a ser físicas, e a imagem de perfeição do corpo e o uso da roupa desejada se tornam uma prioridade (Caleiro; Gusmão, 2012). Antes, esse sentimento de perfeição era procurado mais por mulheres, mas, hoje, é possível ver os homens seguindo modas e, muitas vezes, rotulando seus corpos conforme um padrão. É criada uma afetividade entre o usuário e o produto; mesmo sendo uma roupa ou acessório, as pessoas tendem a criar memórias afetivas.

O design emocional no campo da moda, segundo Cantelli (2009), não apenas foca na beleza, na funcionalidade e na usabilidade, mas também cria vínculos simbólicos por meio de seus produtos. Como segue tendências, suas peças devem apresentar inovação e personalidade para que as pessoas não as vejam como um produto passageiro, mas sim como algo com que tenham uma relação emocional.

De acordo com McCracken (2003, p. 39), no âmbito da economia, a moda é aquela que lidera o consumo, pois, cada vez mais, "as considerações de estilo e de estética passaram a preceder às utilitárias. Que um objeto não tenha se exaurido em sua utilidade não é mais motivo suficiente para sua preservação; se ele é ou não capaz de satisfazer a condição mais importante de estar na moda é agora o fator decisivo".

Além de demonstrar ser passageira e envolta por mudanças, a moda proporciona aos consumidores o que ficou conhecido como *fast fashion*, termo que define a rapidez com que ela passa pelo mercado e a busca das pessoas pelas novidades que são lançadas e viram tendência.

A relação do lado emocional que os produtos de moda criam com os usuários é semelhante e associada a uma extensão de sua pele, sendo capazes de irradiar sensações. O design, aqui, funciona como expressão dessas sensações por meio dos produtos que desenvolve.

Os produtos de moda começaram a conduzir mensagens que o design, por suas ideias e criações, fez tomar forma diferente na mente e na vida das pessoas. Não se criava apenas mais uma roupa ou calçado; eram adicionados sentimentos, desde o momento da geração de conceitos até a análise do público ao qual se destinava o projeto.

Burdek (2006, p. 14) cita que as sensações que o design proporciona às pessoas ao utilizarem os produtos ficam na memória, provocando seu consumo e ganhando valor:

> A vida da maioria das pessoas não é mais imaginável sem o Design. O Design nos segue de manhã até a noite: na casa, no trabalho. No lazer, na educação, na saúde, no esporte. No transporte de pessoas e bens, no ambiente público – tudo é configurado de forma consciente ou inconsciente. Design pode ser próximo da pele, (como na Moda) ou bem afastado (como no caso do uso espacial). Design não apenas determina nossa existência ("Dase in", N.T.), mas neste meio tempo nosso próprio ser ("Sein", N.T.). Por meio dos produtos nos comunicamos com outras pessoas, definimos em grupos sociais e marcamos cada vez nossa situação social.

O designer conta com *softwares* que o auxiliam no momento de transferir o croqui para o computador, possibilitando uma melhor visualização do desenho elaborado, bem como o desenvolvimento de cortes e a colocação de medidas em manequins, o que fornece mais precisão no momento da fabricação das peças.

Aliadas ao designer de moda e às empresas estão as agências de publicidade, que fazem com que o produto seja visto. Nessas agências, o produto, antes de ser lançado no mercado, passa por análises de uma equipe que pensa na melhor forma e nos melhores meios de divulgação dele, bem como analisam os sentimentos que serão despertados nas pessoas ao visualizarem a propaganda, seja na forma impressa, seja na virtual, seja na audiovisual.

Contudo, diante de tudo o que foi colocado, o design de moda ligado às emoções toma uma nova forma no mercado: além de ser algo simbólico, passa a influenciar o comportamento e os sentimentos das pessoas. Uma nova leitura é criada pelos produtos desenvolvidos, e o novo passa a se tornar algo que poderá permanecer na memória afetiva dos indivíduos.

6.5 Emoção no design de interiores

A atividade do design de interiores surgiu nos séculos XVIII e XIX e, inicialmente, era conhecida por decorar com conforto as residências luxuosas da realeza, focando na diferenciação de classes sociais. Os responsáveis pelas criações de mobiliário da época eram os artesãos, que criavam peças exclusivas em conjunto com marceneiros e estofadores. Ainda não existia um profissional totalmente habilitado e que tivesse estudado sobre o assunto. Seguiam-se tendências impostas pela cultura, baseada nas correntes filosóficas da época, como o Iluminismo, que prezava pela racionalidade e pela coerência das formas.

No entanto, anteriormente, no século XVI, surgiram estilos de decoração como o rococó, que perdurou até o século XVIII. Nele, era possível encontrar curvas mais leves e suaves sem deixar de prezar pela elegância. No final desse século, depois da

Revolução Francesa, surgiu o neoclassicismo, sendo marcado por pilares aparentes, móveis com um desenho mais simples e menos rebuscado, tetos com molduras e cores mais suaves, como os tons pastéis (Pile; Gura, 2013).

Com a Revolução Industrial e o avanço da tecnologia, a função de decorar exigiu treinamentos e profissionais mais habilitados que unissem novas técnicas e matérias-primas disponíveis em seus trabalhos. O simbolismo da aparência ainda estava presente, e o conforto se fez necessário como um diferencial (Barbosa; Rezende, 2020).

No século XX, o design de interiores efetivou-se como profissão e, por volta dos anos 1950, houve a necessidade de expandir a ambientação a outros espaços que não apenas os residenciais, surgindo, assim, as primeiras escolas voltadas ao estudo do design de interiores.

Segundo Lees-Maffei (2008), foi depois da Segunda Guerra Mundial que a profissão se tornou aplicada e conhecida, da mesma forma que surgiram o design gráfico e o design de moda. Os arquitetos iniciavam as ambientações residenciais e de espaços públicos. Para Guerin e Martin (2010), o design de interiores tomava uma nova vertente, a qual não se voltava apenas à ambientação e à decoração, incluindo também as preocupações com o indivíduo e o lado emocional e o fator comportamental do ser humano.

O cuidado com o ser humano, seu comportamento, a usabilidade de espaços e o conforto tornou-se o eixo de pesquisa da atividade profissional do designer de interiores, que notou que os ambientes e aquilo que fazia parte deles influenciavam o comportamento das pessoas (Guerin; Martin, 2010). Nesse sentido, houve a necessidade de um estudo sobre como melhorar os projetos unindo os conceitos de estética, forma, usabilidade e funcionalidade à preocupação com segurança e saúde, objetivando propiciar mais qualidade de vida aos indivíduos.

De acordo com Tan (2011), os ambientes se tornaram espaços humanizados e repletos de simbologias para as pessoas, e esses símbolos eram e são capazes de mudar o comportamento delas. Tornaram-se necessários o planejamento e o uso do simbolismo para criar e projetar as necessidades dos indivíduos, originando uma relação entre o usuário e o produto e interferindo, dessa forma, nas etapas de desenvolvimento, nesse caso, dos ambientes.

Os designers tiveram de mudar o modo de criar com base em análises do processo metodológico pessoal e empresarial, sendo preciso conhecer as reais necessidades daqueles que ocupariam os espaços, o que alterou a forma de as empresas produzirem e projetarem.

Ao se falar em consumo, os indivíduos que procuram um design de interiores esperam encontrar nos ambientes e nos objetos projetados seus desejos e anseios, assim como funcionalidade de uso.

As pessoas também associam sua cultura ao design de interiores, por isso, cabe ao designer estudar os aspectos culturais e sociais das regiões ou grupos sociais a que pertencem seu público-alvo, de modo que contemplem os sentimentos que desejam despertar (Flusser, 2007).

O homem e o ambiente têm uma relação direta com as emoções. O habitar e os objetos contidos nos espaços podem representar e criar memórias afetivas, assim como impulsionar desejos que resultarão na busca por um profissional que possa realizá-los. O desejo por ambientes e objetos que representem sentimentos já era percebido por Zevi (1978, p. 18), que estudou as relações e sua importância: "espaço que não pode ser representado perfeitamente de forma alguma, que não pode ser conhecido e vivido a não ser por experiência direta [...]".

Essa preocupação com o usuário e com a melhor adequação dos ambientes deve ser constante, pois os homens vivem de emoções e de situações, em sua maioria, no local onde habitam.

Um ambiente, por representar a identidade daquele que o habita, mostra sua personalidade e seus gostos, como cor, materiais e texturas, características essas que podem ter sido adquiridas pela cultura que vivenciou e que definiu sua história de vida.

O habitar, para o design de interiores, inclui composição, estilo de vida e comunicação com os indivíduos. Portanto, unindo tais elementos, é possível obter resultados satisfatórios, já que os desejos e os sentimentos das pessoas são compreendidos.

Segundo Pizzato (2013), quando são incorporadas segurança, usabilidade e agradabilidade na geração de alternativas, são assegurados os princípios emocionais necessários no projeto. Os ambientes e os móveis que o compõem significam para o usuário um aspecto social simbólico e transmitem emoções de satisfação, conforto, alegria e paz.

Dessa forma, o profissional de design de interiores deve focar em projetos voltados aos usuários e aos espaços, incluindo fatores emocionais, que, como vimos, influenciam o sentir-se bem e a qualidade de vida dos indivíduos.

Esses estudos voltados às emoções, aos usuários e aos ambientes têm por função proporcionar um retorno positivo para a sociedade, pois o homem é um ser socialmente envolto em aspectos emocionais e afetivos.

CONSIDERAÇÕES FINAIS

No decorrer da leitura deste livro sobre design emocional, verificamos a importância que as emoções podem provocar nos indivíduos e que, através da pesquisa e exploração dos métodos do design, é possível criar projetos funcionais e gerar produtos que proporcionem bem-estar para aqueles que os adquirem.

Demonstramos que o design emocional, que tem a finalidade de avaliar os projetos e sua relação com as emoções, teve sua maior repercussão em meados da década de 1990, nas qual as pesquisas se intensificaram e muitos autores criaram modelos que auxiliaram no estudo dos produtos e dos usuários. Também destacamos que os estudiosos, por meio da psicofisiologia, perceberam que as emoções estão presentes na chamada *parte emocional* do cérebro, que é responsável pelo apetite, pela pressão arterial, pelo sono, pelo ritmo cardíaco e até mesmo pela imunidade, pelo estresse, pela depressão e pela ansiedade.

Dessa forma, inferimos que o design emocional tem a função de construir emoções positivas nos indivíduos para que eles alcancem a felicidade, reduzindo desconfortos causados pelas emoções negativas.

Em seguida, evidenciamos um conjunto de bases conceituais de autores da área do design que se preocupavam com essa relação emocional. Verificamos, ainda, os três níveis de processamento: (1) visceral, (2) comportamental e (3) reflexivo, que se referem à aparência, ao prazer, à afetividade e às lembranças que os produtos causam.

Explicamos que o conceito de design positivo tem relação com o bem-estar, ou seja, os designers, valendo-se de ferramentas e métodos, conseguem compreender os usuários e, com isso, tornam-se facilitadores no processo de criação da felicidade por meio dos produtos que desenvolvem com base no design emocional.

Finalizando a temática das emoções, tratamos da relação entre cultura, sociedade e indivíduo e ressaltamos o quão atentos devem estar os profissionais aos efeitos que tais entidades podem causar no lado emocional dos indivíduos, desde o momento da escolha, em que ele se encanta pelos produtos, passando por um processo sentimental de avaliação, até que efetue a compra e leve determinado objeto para casa.

Contudo, o designer precisa conhecer e provocar desejos e necessidades íntimas nos usuários por meio dos produtos que desenvolve, traduzindo a mensagem do público-alvo e buscando diferenciações que serão identificadas quando potencializadas e aperfeiçoadas no processo produtivo, de modo a melhorar a empatia junto aos usuários.

REFERÊNCIAS

ABERASTURY, A.; KNOBEL, M. **Adolescência normal**. Tradução de Tradução Suzana Maria Garagoray Ballve. Porto Alegre: Artmed, 2003.

AGUIAR, J. F. S. de. **Emoções e sentimentos**: uma perspectiva fisiológica. In: CONGRESSO DE INICIAÇÃO CIENTÍFICA DA FASB, 17., 2019, Barreiras. **Anais...** Bahia: Faculdade São Francisco de Barreiras, 2019. p. 1-3. Disponível em: <http://www.fasb.edu.br/revista/index.php/cic/article/view/475 >. Acesso em: 22 jan. 2021.

AHUVIA, A. C. Beyond the Extended Self: Loved Objects and Consumers' Identity Narratives. **Journal of Consumer Research**, v. 32, n. 1, p. 171-184, June 2005. Disponível em: <https://www.jstor.org/stable/10.1086/429607?seq=1>. Acesso em: 22 jan. 2021.

ALENCAR, E. M. L. S. **A gerência da criatividade**: abrindo as janelas para a criatividade pessoal e nas organizações. São Paulo: Makron Books, 1996.

ALEXANDER, C. **Ensayo sobre la síntesis de la forma**. Buenos Aires. Ediciones Infinito, 1986. (Biblioteca de Diseño y Artes Visuals, v. 5).

AMARO, L. E. da S.; MEIRA, P. R. O jovem mercado maduro: questões a serem consideradas na abordagem dos adultos maduros como um segmento de mercado. **Gestão e Desenvolvimento**, v. 2, n. 2, p. 53-59, 2005. Disponível em: <https://periodicos.feevale.br/seer/index.php/revistagestaoedesenvolvimento/article/view/816/1015>. Acesso em: 22 jan. 2021.

ARAÚJO, F. F. de et al. O consumidor de terceira idade na primeira década do século XXI: uma análise da propaganda dirigida aos idosos. **Revista Administração em Diálogo**, v. 17, n. 1, p. 54-85, jan./abr. 2015. Disponível em: <https://revistas.pucsp.br/index.php/rad/article/view/15098/17299>. Acesso em: 22 jan. 2021.

ARNETT, J. J. Learning to Stand Alone: The Contemporary American Transition to Adulthood in Cultural and Historical Context. **Human Development**, v. 41, n. 5-6, p. 295-315, 1998. Disponível em: <https://psycnet.apa.org/record/1998-03163-001>. Acesso em: 22 jan. 2021.

BAGOZZI, R. P.; DHOLAKIA, U. Goal Setting and Goal Striving in Consumer Behavior. **Journal of Marketing**, v. 63, n. 4, p. 19-32, Oct. 1999. Disponível em: <https://journals.sagepub.com/doi/10.1177/00222429990634s104>. Acesso em: 22 jan. 2021.

BAKHTIN, M. **Marxismo e filosofia da linguagem**: problemas fundamentais do método sociológico na ciência da linguagem. Tradução de Michel Lahud e Yara Frateschi Vieira. 2. ed. São Paulo: Hucitec, 1981. (Coleção Linguagem).

BARBER, B. R. **Consumido**: como o mercado corrompe crianças, infantiliza adultos e engole cidadãos. Tradução de Bruno Casotti. Rio de Janeiro: Record, 2010.

BARBOSA, A. M. **Arte, educação e cultura**. Disponível em: <http://www.dominiopublico.gov.br/download/texto/mre000079.pdf>. Acesso em: 22 jan. 2021.

BARBOSA, L. **Sociedade de consumo**. Rio de Janeiro: Jorge Zahar, 2004. (Coleção Ciências Sociais Passo a Passo, 49).

BARBORA, P. G.; REZENDE, E. J. C. O que é o design de interiores? **Estudos em Design**, v. 28, n. 1, p. 53-64, 2020. Disponível em: <https://estudosemdesign.emnuvens.com.br/design/article/view/885/408>. Acesso em: 22 jan. 2021.

BARDDAL, R.; GONTIJO, L. A.; MERINO, E. A. D. Design emocional: a relação inconsciente das pessoas com os objetos. In: FOURTH INTERNATIONAL CONFERENCE ON INTEGRATION OF DESIGN, ENGINEERING AND MANAGEMENT FOR INNOVATION, 2015, Florianópolis. **Anais...** Florianópolis: IDEMI, 2015. p. 1-13. Disponível em: <http://janainaramos.com.br/idemi2015/anais/03/144074.pdf>. Acesso em: 22 jan. 2021.

BARRETO, J. E. F; SILVA, L. P. e. Sistema límbico e as emoções: uma revisão anatômica. **Revista Neurociências**, v. 18, n. 3, p. 386-394, 2010. Disponível em: <https://periodicos.unifesp.br/index.php/neurociencias/article/view/8466/6000>. Acesso em: 22 jan. 2021.

BARRETO, M. C. R. Individualismo e conflito como fonte de sofrimento social. **Política & Trabalho**, n. 17, p. 16-32, dez. 2001. Disponível em: <https://periodicos.ufpb.br/index.php/politicaetrabalho/article/view/6479/19818>. Acesso em: 22 jan. 2021.

BARROS, R. C. O design social como ferramenta de comunicação: contextualização e exemplos na sociedade contemporânea. In: CONGRESSO BRASILEIRO DE PESQUISA E DESENVOLVIMENTO EM DESIGN, 11., 2014, Gramado. **Blucher Design Proceedings**, n. 4, v. 1, p. 2.591-2.602, dez. 2014. Disponível em: <http://pdf.blucher.com.br.s3-sa-east-1.amazonaws.com/designproceedings/11ped/01412.pdf >. Acesso em: 22 jan. 2021.

BATICAN, E. D. Development of Multidimensional Self-Concept Scale (mSCS) for Filipino College Students. **ADDU-SAS Graduate School Research Journal**, v. 8, n. 1, May 2011. Disponível em: <https://ejournals.ph/article.php?id=273>. Acesso em: 22 jan. 2021.

BAUMAN, Z. **A sociedade individualizada**: vidas contadas e histórias vividas. Tradução de José Gradel. Rio de Janeiro: Zahar, 2009.

BAUMAN, Z. **Globalização**: as consequências humanas. Tradução de Marcus Penchel. Rio de Janeiro: Zahar, 1999.

BAUMAN, Z. **Tempos líquidos**. Tradução de Carlos Alberto Medeiros. Rio de Janeiro: Zahar, 2007.

BAUMAN, Z. **Vida para consumo**: a transformação das pessoas em mercadoria. Tradução de Carlos Alberto Medeiros. Rio de Janeiro: Zahar, 2008.

BAXTER, M. **Projeto de produto**: guia prático para o design de novos produtos. Tradução de Itiro Iida. 2. ed. rev. São Paulo: Blucher, 2000.

BAYAZIT, N. Investigating Design: A Review of Forty Years of Design Research. **Design Issues**, v. 20, n. 1, p. 16-29, 2004. Disponível em: <https://www.ida.liu.se/~steho87/desres/bayazit.pdf>. Acesso em: 22 jan. 2021.

BEE, H.; BOYD, D. **A criança em desenvolvimento**. Tradução de Cristina Monteiro. 9. ed. Porto Alegre: Artmed, 2003.

BEULKE, C. S. A influência do consumidor infantil sobre os pais na tomada de decisão de compra de produtos alimentícios. In: CONGRESSO BRASILEIRO DE CIÊNCIAS DA COMUNICAÇÃO, 28., 2005, Rio de Janeiro. **Anais...** São Paulo: Intercom, 2005. p. 1-15. Disponível em: <http://www.portcom.intercom.org.br/pdfs/153478376362786132115724876822665962680.pdf>. Acesso em: 22 jan. 2021.

BOCK, A. M. B.; FURTADO, O.; TEIXEIRA, M. de L. T. **Psicologias**: uma introdução ao estudo da psicologia. São Paulo: Saraiva, 2008.

BONSIEPE, G. (Coord.). **Metodologia experimental**: desenho industrial. Brasília: CNPq, 1984.

BOURDIEU, P. **Sociologia**. Tradução de Paula Montero e Alícia Auzmendi. São Paulo: Ática, 1983.

BRASIL. Lei n. 8.069, de 13 de julho de 1990. **Diário Oficial da União**, Poder Legislativo, Brasília, DF, 16 jul. 1990. Disponível em: <http://www.planalto.gov.br/ccivil_03/leis/l8069.htm>. Acesso em: 22 jan. 2021.

BROWN, T. Design Thinking. **Harvard Business Review**, n. 86, p. 1-10, June 2008. Disponível em: <https://readings.design/PDF/Tim%20Brown,%20Design%20Thinking.pdf>. Acesso em: 22 jan. 2021.

BUCCINI, M.; PADOVANI, S. **Design experiencial na internet**. In: CONGRESSO INTERNACIONAL DE DESIGN DA INFORMAÇÃO, 2., 2005, São Paulo. **Anais...**, São Paulo, 2005.

BÜRDEK, B. E. **Design**: história, teoria e prática do design de produtos. Tradução de Freddy Van Camp. São Paulo: Blucher, 2006.

CACIOPPO, J. T.; GARDNER, W. L. Emotion. **Annual Review of Psychology**, v. 50, p. 191-214, fev. 1999. Disponível em: <https://www.annualreviews.org/doi/abs/10.1146/annurev.psych.50.1.191>. Acesso em: 22 jan. 2021.

CALEIRO, R. C. L.; GUSMÃO, J. L. F. V. História, corpo, moda e questões sobre o feminismo. **Histórica – Revista Eletrônica do Arquivo Público do Estado de São Paulo**, ano 8, n. 53, p. 44-51, abr. 2012. Disponível em: <http://www.arquivoestado.sp.gov.br/site/assets/publicacao/anexo/historica53.pdf#page=44>. Acesso em: 22 jan. 2021.

CANTELLI, A. P. Design emocional. In: SEMINÁRIO DE INICIAÇÃO CIENTÍFICA E TECNOLÓGICA DA UTFPR, 14., 2009, Pato Branco. **Anais...** Curitiba: Universidade Tecnológica Federal do Paraná, 2009.

CARDOSO, R. **O design gráfico e sua história**. Programação visual – Aula 3. Instituto Federal de Educação, Ciência e Tecnologia do Rio Grande do Norte. Disponível em: <https://docente.ifrn.edu.br/carlosdias/informatica/programacao-visual/o-design-grafico-e-sua-historia>. Acesso em: 22 jan. 2021.

CARVALHO, L. V. R. de. **Design e emoção**: o papel do designer no consumo de produtos de moda. 142 f. Tese (Mestrado em Design de Comunicação de Moda) – Escola de Engenharia, Universidade de Minho, Braga, Portugal, 2013. Disponível em: <https://repositorium.sdum.uminho.pt/bitstream/1822/28664/1/Lilian%20Carvalho.pdf>. Acesso em: 22 jan. 2021.

CASCINI, G.; FANTONI, G.; MONTAGNA, F. Situating Needs and Requirements in the FBS Framework. **Design Studies**, v. 34, n. 5, p. 636-662, Sep. 2013. Disponível em: <https://www.sciencedirect.com/science/article/abs/pii/S0142694X12000944>. Acesso em: 22 jan. 2021.

CASTRO-COSTA, E. et al. The Association between Nutritional Status and Cognitive Impairment in Brazilian Community-Dwelling Older Adults Assessed Using a Range of Anthropometric Measures: The Bambui Study. **Dementia & Neuropsychologia**, v. 7, n. 4, p. 403-409, Dec. 2013. Disponível em: <https://www.scielo.br/pdf/dn/v7n4/1980-5764-dn-7-04-00403.pdf>. Acesso em: 22 jan. 2021.

CHURCHILL JUNIOR, G. A.; PETER, J. P. **Marketing**: criando valor para os clientes. 2. ed. Tradução de Cecilia Camargo Bartalotti e Cid Knipel Moreira. São Paulo: Saraiva, 2010.

COELHO, R. Semiótica da marca: contributos para a construção de uma ferramenta analítica e operacional dentro da prática do design de identidade. In: ENCONTRO NACIONAL DOUTORAMENTOS EM DESIGN, 1., 2012, Aveiro. **Anais...** Aveiro: Universidade de Aveiro, 2013. p. 1-12. Disponível em: <https://recipp.ipp.pt/bitstream/10400.22/7577/1/COM_AnaRitaCoelho_2013_1.pdf>. Acesso em: 22 jan. 2021.

COHEN, C. A. M. J. **Padrões de consumo**: desenvolvimento, meio-ambiente e energia no Brasil. 224 f. Tese (Doutorado em Ciências em Planejamento Energético) – Programa de Pós-Graduação de Engenharia, Universidade Federal do Rio de Janeiro, Rio de Janeiro, 2002. Disponível em: <http://antigo.ppe.ufrj.br/ppe/production/tesis/ccohen.pdf>. Acesso em: 22 jan. 2021.

COMIN, F. S.; AMORIM, K. de S. Corporeidade: uma revisão crítica da literatura científica. **Psicologia em Revista**, v. 14, n. 1, p. 189-214, Belo Horizonte, jun. 2008. Disponível em: <http://pepsic.bvsalud.org/pdf/per/v14n1/v14n1a11.pdf >. Acesso em: 22 jan. 2021.

CURVO, J.; TUCHE, W. **As cinco estações do corpo**. Rio de Janeiro: Rocco, 2001.

DAMÁSIO, A. R. Emoção ou sentimento? Mental ou comportamental? António Damásio explica a organização afetiva humana. **Fronteiras do Pensamento**, 17 dez. 2015. Entrevista concedida a Revista Galileu. Disponível em: <https://www.fronteiras.com/entrevistas/emocao-ou-sentimento-mental-ou-comportamental-antonio-damasio-explica-a-organizacao-afetiva-humana>. Acesso em: 22 jan. 2021.

DAMÁSIO, A. R. **O erro de Descartes**: emoção, razão e o cérebro humano. Tradução de Dora Vicente e Georgina Segurado. São Paulo: Companhia das Letras, 1996.

DAMÁSIO, A. R. **O erro de Descartes**: emoção, razão e o cérebro humano. Tradução de Dora Vicente e Georgina Segurado. 3. ed. São Paulo: Companhia das Letras, 2012.

DANZINGER, P. N. **Let Them Eat Cake**: Marketing Luxury to the Masses – As Well as the Classes. Chicago: Kaplan, 2005.

DEBERT, G. G. A dissolução da vida adulta e a juventude como valor. **Horizontes Antropológicos**, ano 16, n. 34, p. 49-70, jul./dez. 2010. Disponível em: <https://www.scielo.br/pdf/ha/v16n34/03.pdf>. Acesso em: 22 jan. 2021.

DEBESSE, M. **A adolescência**. São Paulo: Europa-América, 1946.

DESMET, P. A Multilayered Model of Product Emotions. **The Design Journal**, v. 6, n. 2, p. 4-13, 2003. Disponível em: <https://www.researchgate.net/publication/228786196_A_Multilayered_Model_of_Product_Emotions>. Acesso em: 22 jan. 2021.

DESMET, P. **Designing Emotions**. Delft: Delft University of Technology, 2002.

DESMET, P.; HEKKERT, P. Framework of Product Experience. **International Journal of Design**, v. 1, n. 1, p. 57-66, 2007. Disponível em: <http://www.ijdesign.org/index.php/IJDesign/article/view/66>. Acesso em: 22 jan. 2021.

DESMET, P.; HEKKERT, P. Special Issue Editorial: Design & Emotion. **International Journal of Design**, v. 3, n. 2, p. 1-6, 2009. Disponível em: <http://ijdesign.org/index.php/IJDesign/article/viewFile/626/251>. Acesso em: 22 jan. 2021.

DESMET, P.; HEKKERT, P. The Basis of Product Emotions. In: GREEN, W. S.; JORDAN, P. W. (Ed.). **Pleasure with Products**: Beyond Usability. London: Taylor & Francis, 2002. p. 58-68.

DIAS, M. R. A. C. **Linguagens visuais para o público jovem**: aplicações em ambiente virtual de aprendizagem. 17 p. Trabalho apresentado ao Programa de Pós-Graduação em Engenharia e Gestão do Conhecimento da Universidade Federal de Santa Catarina, Santa Catarina, 2004. Disponível em: <https://silo.tips/download/linguagens-visuais-para-o-publico-jovem-aplicaoes-em-ambiente-virtual-de-aprendi#>. Acesso em: 22 jan. 2021.

DICKASON, J. G. A origem do playground: papel dos clubes de mulheres de Boston, 1885-1890. **Ciências de Lazer**, v. 6, p. 83-98, 1983.

DOROW, P. F. **O processo de geração de ideias para a inovação**: estudo de caso em uma empresa náutica. 158 f. Dissertação (Mestrado em Engenharia e Gestão do Conhecimento) – Universidade Federal de Santa Catarina, Florianópolis, 2013. Disponível em: <https://repositorio.ufsc.br/bitstream/handle/123456789/107151/319075.pdf?sequence=1&isAllowed=y>. Acesso em: 22 jan. 2021.

DOWBOR, L. **Tecnologias do conhecimento**: os desafios da educação. Rio de Janeiro: Vozes, 2001.

DZIOBCZENSKI, P. R. N. et al. Inovação através do design: princípios sistêmicos do pensamento projetual. **Design & Tecnologia**, v. 2, n. 3, p. 54-63, 2011. Disponível em: <https://www.ufrgs.br/det/index.php/det/article/view/57/43>. Acesso em: 22 jan. 2021.

EL MARGHANI, V. G. R. **Modelo de processo de design**. São Paulo: Blucher, 2011.

ERIKSON, E. H.; ERIKSON, J. M. **The Life Cycle Completed**: Extended Version. New York: W. W. Norton & Company, 1998.

ESTEVES, P. S.; SLONGO L. A.; ESTEVES, C. S. O crescimento da terceira idade: necessidade de adaptações no mercado. **Negócios e Talentos**, n. 9, p. 33-47, 2012. Disponível em: <https://www.academia.edu/27110801/O_crescimento_da_terceira_idade_necessidade_de_adapta%C3%A7%C3%B5es_no_mercado>. Acesso em: 22 jan. 2021.

FARDO, M. L. A gamificação aplicada em ambientes de aprendizagem. **Renote**, v. 11, n. 1., p. 1-9, jul. 2013. Disponível em: <https://seer.ufrgs.br/renote/article/view/41629/26409>. Acesso em: 22 jan. 2021.

FERROLI, P. C. M.; LIBRELOTTO, L. I. Geração de alternativas no design: uso da ferramenta FEAP. **Estudos em Design**, v. 24, n. 1, p. 197-214, 2016. Disponível em: <https://webcache.googleusercontent.com/search?q=cache:-gTs-3nYQTcJ:https://estudosemdesign.emnuvens.com.br/design/article/download/303/218+&cd=3&hl=pt-BR&ct=clnk&gl=br>. Acesso em: 22 jan. 2021.

FLECHA, R. **Educación de las personas adultas**: propuestas para los años noventa. Barcelona: El Roure, 1990.

FLUSSER, V. **O mundo codificado**: por uma filosofia do design e da comunicação. Tradução de Raquel Abi-Sâmara. São Paulo: Cosac Naify, 2007.

FORTY, A. **Objetos de desejo**: design e sociedade desde 1750. Tradução de Pedro Maia Soares. São Paulo: Cosac Naify, 2007.

FREIRE, K. Reflexões sobre o conceito de design de experiências. **Strategic Design Research Journal**, v. 2, n. 1, p. 37-44, jan./jun. 2009. Disponível em: <http://revistas.unisinos.br/index.php/sdrj/article/view/5159>. Acesso em: 22 jan. 2021.

FREITAS JUNIOR, V. et al. Criatividade e inovação tecnológica: uma análise bibliométrica. In: ULBRICHT, V. R. et al. (Org.). **Contribuições da criatividade em diferentes áreas do conhecimento**. São Paulo: Pimenta Cultural, 2013. p. 141-164.

GIDDENS, A. **A transformação da intimidade**: sexualidade, amor e erotismo nas sociedades modernas. Tradução de Magda Lopes. São Paulo: Editora da Unesp, 1992.

GOLEMAN, D. **Inteligência emocional**: a teoria revolucionária que redefine o que é ser inteligente. Tradução de Marcos Santarrita. 11. ed. Rio de Janeiro: Objetiva, 2011.

GOMES, C. F. S. G. **Técnicas de estruturação de cenários prospectivos para políticas públicas e projeções populacionais**. Centro de Análises de Sistemas Navais – Casnav, Marinha do Brasil, 2011. 79 slides.

GOMES FILHO, J. **Design do objeto**: bases conceituais – aparência estético-formal, imagem simbólica e dimensões semióticas. Aulas ministradas em período intensivo de duas semanas, de estrutura modular, na Universidade do Sul de Santa Catarina (Unisul), Tubarão, 2003.

GREEN, W. S. Introduction: Design and Emotion. In: OVERBEEKE, C. J.; HEKKERT, P. (Ed.). **Proceedings of the First International Conference on Design & Emotion.** Delft: Delft University of Technology, 1999. p. 7-8. Disponível em: <https://marynellany.files.wordpress.com/2011/03/proceedings-of-the-1st-international-conference-on-design-and-emotion.pdf>. Acesso em: 22 jan. 2021.

GREEN, W. S.; JORDAN, P. W. (Ed.). **Human Factors in Product Design**: Current Practice and Future Trends. London: Taylor & Francis, 1999.

GUERIN, D. A.; MARTIN, C. S. **The Interior Design Profession's Body of Knowledge and Its Relationship to People's Health, Safety, and Welfare**. Minneapolis: College of Design; University of Minnesota, 2010. Disponível em: <https://www.idec.org/files/documentlibrary/IDBOK_V2F_052611.pdf>. Acesso em: 22 jan. 2021.

HANOCH, Y. Neither an Angel Nor an Ant: Emotion as an Aid to Bounded Rationality. **Journal of Economic Psychology**, v. 23, n. 1, p.1-25, Feb. 2002. Disponível em: <https://www.sciencedirect.com/science/article/abs/pii/S0167487001000654>. Acesso em: 22 jan. 2021.

HASSENZAHL, M. User Experience and Experience Design. In: **The Encyclopedia of Human-Computer Interaction**. 2. ed. The Interaction Design Foundation. Disponível em: <https://www.interaction-design.org/literature/book/the-encyclopedia-of-human-computer-interaction-2nd-ed/user-experience-and-experience-design>. Acesso em: 22 jan. 2021.

HEKKERT, P. Design Aesthetics: Principles of Pleasure in Product Design. **Psychology Science**, v. 48, n. 2, p. 157-172, 2006. Disponível em: <https://core.ac.uk/download/pdf/25818945.pdf >. Acesso em: 22 jan. 2021.

HOELTZ, M. Design gráfico: dos espelhos às janelas de papel. In: CONGRESSO BRASILEIRO DE COMUNICAÇÃO, 24., 2001, Campo Grande. **Anais...** São Paulo: Intercom, 2001. Disponível em: <http://www.intercom.org.br/papers/nacionais/2001/papers/NP4HOELTZ.pdf>. Acesso em: 22 jan. 2021.

HOOKS, E. **Acting for Animators**. 3. ed. New York: Routledge, 2011.

HOUAISS, A.; VILLAR, M. de S. **Dicionário eletrônico Houaiss da língua portuguesa**. versão 3.0. Rio de Janeiro: Instituto Antônio Houaiss; Objetiva, 2009. 1 CD-ROM.

IBGE – Instituto Brasileiro de Geografia e Estatística. **Sinopse do Censo Demográfico 2010**: distribuição da população por sexo, segundo os grupos de idade. 2010. Disponível em: <https://censo2010.ibge.gov.br/sinopse/index.php?dados=12>. Acesso em: 22 jan. 2021.

IIDA, I.; BARROS, T.; SARMET, M. **Design emocional**: conexão emocional entre produto e consumidor. Universidade de Brasília, Departamento de Desenho Industrial. Minicurso MG – Design Emocional. Brasília, 2007.

JACÓ-VILELA, A. M. Concepções de pessoa e a emergência do indivíduo moderno. **Interações**, v. 6, n. 12, p. 11-40, jul./dez. 2001. Disponível em: <https://www.redalyc.org/pdf/354/35461202.pdf>. Acesso em: 22 jan. 2021.

JONES, J. C. **Design Methods**: Seeds of Human Futures. New York: John Wiley & Sons, 1970.

JORDAN, P. W. **Designing Pleasurable Products**: An Introduction to The New Human Factors. London: Taylor & Francis, 2000.

JORDAN, P. W. Inclusive Design. In: GREEN, W. S.; JORDAN, P. W. (Ed.). **Human Factors in Product Design**: Current Practice and Future Trends. London: Taylor & Francis, 1999. p. 171-181.

KARSAKLIAN, E. **Comportamento do consumidor**. São Paulo: Atlas, 2000.

KENRICK, D.; ACKERMAN, J.; LEDLOW, S. Evolutionary Social Psychology. In: DELAMATER, J. (Ed.) **Handbook of Social Psychology**. Boston: Springer, 2006. p. 103-122.

KNEBEL, M. G.; PIZZATO, G. Z. de A.; SCOLARO, A. As abordagens de design e emoção em estudos de design gráfico: uma revisão bibliográfica. **Educação gráfica**, v. 21, n. 3, p. 323 -342, dez. 2017. Disponível em: <https://lume.ufrgs.br/bitstream/handle/10183/174280/001062884.pdf?sequence=1&isAllowed=y>. Acesso em: 22 jan. 2021.

KOTLER, P. **Administração de marketing**: análise, planejamento, implementação e controle. Tradução de Ailton Bomfim Brandão. São Paulo: Atlas, 1990.

KOURY, M. G. P. A antropologia das emoções no Brasil. **RBSE**, v. 4, n. 12, p. 239-252, dez. 2005. Disponível em: <https://www.researchgate.net/publication/321698776_A_ANTROPOLOGIA_DAS_EMOCOES_NO_BRASIL_239_A_Antropologia_das_Emocoes_no_Brasil>. Acesso em: 22 jan. 2021.

KRENING, T. da S.; SILVA, T. L. K. da; SILVA, R. P. da. **Design para a experiência no contexto de histórias em quadrinhos digitais**. Educação Gráfica, v. 20, n. 3, p. 208-221, 2016. Disponível em: <https://www.lume.ufrgs.br/bitstream/handle/10183/169529/001018252.pdf?sequence=1>. Acesso em: 22 jan. 2021.

KRUCKEN, L. Competências para o design na sociedade contemporânea. In: MORAES, D. de; KRUCKEN, L (Org.). **Design e transversalidade**. Belo Horizonte: Centro de Estudos Teoria, Cultura e Pesquisa em Design/UEMG, 2008. (Cadernos de Estudo Avançado em Design, caderno 2, v. 1). p. 23-32.

KURTGÖZÜ, A. From Function to Emotion: A Critical Essay on the History of Design Arguments. **The Design Journal**, v. 6, n. 2, p. 49-59, July 2003. Disponível em: <https://www.researchgate.net/publication/233597178_From_Function_to_Emotion_A_Critical_Essay_on_the_History_of_Design_Arguments>. Acesso em: 22 jan. 2021.

LASLETT, P. The Emergence of the Third Age. **Ageing and Society**, v. 7, n. 2, p. 133-160, 1987. Disponível em: <https://www.cambridge.org/core/journals/ageing-and-society/article/abs/emergence-of-the-third-age/044301D12E2AC56DC29C234B151B2F25>. Acesso em: 22 jan. 2021.

LEES-MAFFEI, G. Introduction: Professionalization as a Focus in Interior Design History. **Journal of Design History**, v. 21, n. 1, p. 1-18, March 2008. Disponível em: <https://academic.oup.com/jdh/article/21/1/1/361205>. Acesso em: 22 jan. 2021.

LENT, R. **Cem bilhões de neurônios**: conceitos fundamentais de neurociência. 2. ed. São Paulo: Atheneu, 2010.

LIMA, A. G. C.; KOSMINSKY, D. O design emocional de moda. **Redige**, v. 1, n. 1, p. 246-256, 2010. Disponível em: <https://docplayer.com.br/2989517-O-design-emocional-de-moda-fashion-s-emotional-design.html>. Acesso em: 22 jan. 2021.

LIPOVETSKY, G. **A felicidade paradoxal**: ensaio sobre a sociedade do hiperconsumo. Tradução de Patrícia Xavier. São Paulo: Edições 70, 2007.

LÖBACH, B. **Design industrial**: bases para a configuração dos produtos industriais. Tradução de Freddy Van Camp. São Paulo: Edgard Blücher, 2001.

MACEDO, V. D. de. **Métodos de avaliação da experiência do usuário (UX) com eletrodomésticos**: um estudo exploratório. 144 f. Dissertação (Mestrado em Design) – Programa de Pós-Graduação em Design, Universidade Federal do Paraná, Curitiba, 2014. Disponível em: <https://acervodigital.ufpr.br/handle/1884/36275>. Acesso em: 22 jan. 2021.

MAGIOLINO, L. L. S. **Emoções humanas e significação numa perspectiva histórico-cultural do desenvolvimento humano**: um estudo teórico da obra de Vigotski. 198 f. Tese (Doutorado em Educação) – Faculdade de Educação, Universidade Estadual de Campinas, Campinas, 2010. Disponível em: <https://bdtd.ibict.br/vufind/Record/CAMP_f6ca776a5a9b8ba15c9dd2994e708862>. Acesso em: 22 jan. 2021.

MARTINS, I. S. S. **Linguagem infantil em anúncios de produtos de uso adulto**: qual o real público-alvo? Rio de Janeiro: Intercom, 2015.

MASLOW, A. H. **Motivation and Personality**. New York: Harper & Row, 1970.

MATTAR, J. **Design educacional**: educação a distância na prática. São Paulo: Artesanato Educacional, 2014.

MATTAR, J.; NESTERIUK, S. Estratégias do design de games que podem ser incorporadas à educação a distância. **RIED**, v. 19, n. 2, p. 91-106, 2016. Disponível em: <http://revistas.uned.es/index.php/ried/article/view/15680/14277>. Acesso em: 22 jan. 2021.

MERLAU-PONTY, M. **Merleau-Ponty na Sorbonne**: resumo de cursos – filosofia e linguagem. Tradução de Constança Marcondes César. Campinas: Papirus, 1990.

MCCRACKEN, G. **Cultura & consumo**: novas abordagens ao caráter simbólico dos bens e das atividades de consumo. Tradução de Fernanda Eugenio. Rio de Janeiro: Mauad, 2003. (Coleção Cultura e Consumo).

MCNEAL, J. U. **Children as Consumers of Commercial and Social Products**. Washington: Pan American Health Organization, 2000. Disponível em: <https://www.paho.org/en/node/48467>. Acesso em: 22 jan. 2021.

MCNEAL, J. U. **Kids as Customers**: A Handbook of Marketing to Children. New York: Lexington Books, 1992.

MICK, D. G.; FOURNIER, S. Paradoxes of Technology: Consumer Cognizance, Emotions, and Coping Strategies. **Journal of Consumer Research**, v. 25, n. 2, p.123-143, Sep. 1998. Disponível em: <https://academic.oup.com/jcr/article-abstract/25/2/123/1799492>. Acesso em: 22 jan. 2021.

MINUZZI, R. de F. B.; PEREIRA, A. T. C.; MERINO, E. A. D. Teoria e prática na gestão do design. In: CONGRESSO INTERNACIONAL DE PESQUISA EM DESIGN, 2., 2003, Rio de Janeiro. **Anais...** Rio de Janeiro: AEND-BR, 2003.

MIRANDA, C. M. A. de. **Estudo sobre a percepção de valor de jovens consumidores de produtos de luxo acessível**. 119 f. Tese (Doutorado em Administração) – Programa de Pós-Graduação em Administração, Universidade Nove de Julho, São Paulo, 2015. Disponível em: <https://bibliotecatede.uninove.br/bitstream/tede/1477/2/Camila%20Moreira%20Almeida%20de%20Miranda.pdf>. Acesso em: 22 jan. 2021.

MONT'ALVÃO, C.; DAMAZIO, V. Apresentação. In: MONT'ALVÃO, C.; DAMAZIO, V. (Org.). **Design, ergonomia e emoção**. Rio de Janeiro: Mauad X, 2008. p. 7-10.

MORAES, D. Moda, design e complexidade. In: PIRES, D. B. (Org.). **Design de moda**: olhares diversos. São Paulo: Estação das Letras e Cores, 2008.

MOREIRA, M. **O design, a interação com o marketing e a conjuntura socioeconômica, cultural e ambiental**. 358 f. Dissertação (Mestrado em Design e Arquitetura) – Faculdade de Arquitetura e Urbanismo da Universidade de São Paulo, São Paulo, 2014. Disponível em: <https://www.teses.usp.br/teses/disponiveis/16/16134/tde-29072014-102716/publico/DISS_MARCELO_MONTEIRO_REV.pdf>. Acesso em: 22 jan. 2021.

MOSCHIS, G. P. **Gerontographics**: Life-Stage Segmentation for Marketing Strategy Development. Westport: Quorum Books, 1996.

MOSER, G. A psicologia ambiental: competência e contornos de uma disciplina. Comentários a partir das contribuições. **Psicologia USP**, v. 16, n. 1/2, p. 279-294, 2005. Disponível em: <https://www.scielo.br/pdf/pusp/v16n1-2/24666.pdf>. Acesso em: 22 jan. 2021.

MOZOTA, B. B. de; KLÖPSCH, C.; COSTA, F. C. X. da. **Gestão do design**: usando o design para construir valor de marca e inovação coorporativa. Porto Alegre: Bookman, 2011.

NASCIMENTO, B. L. V.; ROCHA, C. de S. Análise psicológica das cores no contexto do design de interação sob a visão da psicologia analítica. In: ENCONTRO ANUAL DE TECNOLOGIA DA INFORMAÇÃO E SEMANA ACADÊMICA DE TECNOLOGIA DA INFORMAÇÃO, 4., Frederico Westphalen, 2014. **Anais...** Rio Grande de Sul: Instituto Federal Farroupilha; UFSM, 2014. p. 376-380. Disponível em: <https://docplayer.com.br/16198963-Analise-psicologica-das-cores-no-contexto-do-design-de-interacao-sob-a-visao-da-psicologia-analitica.html>. Acesso em: 22 jan. 2021.

NASCIMENTO, D. R. do. **Design emocional**: a linguagem dos sentimentos. 70 f. Monografia (Graduação em Publicidade e Propaganda) – Centro Universitário de Brasília – UniCeub, Brasília, 2009. Disponível em: <https://core.ac.uk/download/pdf/185252911.pdf>. Acesso em: 22 jan. 2021.

NERI, A. L.; FREIRE, S. A. **E por falar em boa velhice**. Campinas: Papirus, 2000.

NIEMEYER, L. Design atitudinal: uma abordagem projetual. In: MONT'ALVÃO, C.; DAMAZIO, V. (Org.). **Design, ergonomia e emoção**. Rio de Janeiro: Mauad X, 2008. p. 49-64.

NIEMEYER, L. **Elementos de semiótica aplicados ao design**. 2. ed. Rio de Janeiro: 2AB, 2007. (Série Design).

NOBLE, I.; BESTLEY, R. **Pesquisa visual**: introdução às metodologias de pesquisa em design gráfico. Tradução de Maria Helena Werneck Bomeny. 2. ed. Porto Alegre: Bookman, 2013.

NORMAN, D. A. **Emotional Design**: Why We Love (or Hate) Everyday Things. New York: Basic Books, 2004.

NORMAN, D. A. **O design do dia a dia**. Tradução de Ana Deiró. Rio de Janeiro: Rocco, 2006.

NORMAN, D. A.; DRAPER, S. W. (Ed.). **User Centered System Design**: New Perspectives on Human-Computer Interaction. Londres: Lawrence Erlbaum Associates, 1986.

NOTEBORN, G. et al. The Role of Emotions and Task Significance in Virtual Education. **Internet and Higher Education**, v. 15, n. 3, p. 176-183, June 2012. Disponível em: <https://www.researchgate.net/publication/222113267_The_role_of_emotions_and_task_significance_in_Virtual_Education>. Acesso em: 22 jan. 2021.

NYER, P. U. Modeling the Cognitive Antecedents of Post-Consumption Emotions. **Journal of Consumer Satisfaction, Dissatisfaction and Complaining Behavior**, v. 10, p. 80-90, 1997. Disponível em: <https://jcsdcb.com/index.php/JCSDCB/article/view/151>. Acesso em: 22 jan. 2021.

OLIVEIRA, D. de P. R. de. **Planejamento estratégico**: conceitos, metodologia, práticas. 26. ed. São Paulo: Atlas, 2009.

OLIVEIRA, M. K. de. Jovens e adultos como sujeitos de conhecimento e aprendizagem. In: REUNIÃO ANUAL DA ANPED, 22., 1999, Caxambu. **Anais...** Rio de Janeiro: ANPEd, 1999. p. 1-24. Disponível em: <http://eixovpsicologia.pbworks.com/f/texto+6.pdf>. Acesso em: 22 jan. 2021.

OLIVEIRA, M. M. C. M. Q. de. **Burnout e emoções**: estudo exploratório em médicos em um hospital do Porto. 191 f. Dissertação (Mestrado em Psicologia e Saúde) – Faculdade de Psicologia e de Ciências da Educação, Universidade do Porto, Porto, 2008. Disponível em: <https://repositorio-aberto.up.pt/bitstream/10216/25366/2/29699.pdf>. Acesso em: 22 jan. 2021.

ONO, M. M. Design, cultura e identidade, no contexto da globalização. **Revista Design em Foco**, v. I, n. 1, p. 53-66, jul./dez. 2004. Disponível em: <https://www.redalyc.org/articulo.oa?id=66110107>. Acesso em: 22 jan. 2021.

PAZMINO, A. V. Uma reflexão sobre design social, eco design e design sustentável. In: SIMPÓSIO BRASILEIRO DE DESIGN SUSTENTÁVEL, 1., Curitiba, 2007. **Anais...**, Curitiba: UFPR, 2007. p. 1-10. Disponível em: <http://naolab.nexodesign.com.br/wp-content/uploads/2012/03/PAZMINO2007-DSocial-EcoD-e-DSustentavel.pdf>. Acesso em: 22 jan. 2021.

PERRONE, C. C. **Design emocional e mobiliário urbano**: prazer no uso de espaços públicos pela geração millennial. 155 f. Trabalho de Conclusão de Curso (Graduação em Design de Produto) – Faculdade de Arquitetura e Urbanismo, Universidade Federal do Rio Grande do Sul, Porto Alegre, 2016. Disponível em: <https://lume.ufrgs.br/bitstream/handle/10183/157055/001018720.pdf?sequence=1&isAllowed=y>. Acesso em: 22 jan. 2021.

PESSÔA, L. A. G. de P.; BARROS, D. F.; COSTA, A. de S. M. da. Representações da relação homem-carro: uma análise semiótica da propaganda brasileira de seguros de automóvel. **Organizações & Sociedade**, Salvador, v. 24, n. 80, p. 15-38, jan./mar. 2017. Disponível em: <https://www.scielo.br/scielo.php?pid=S1984-92302017000100015&script=sci_abstract&tlng=pt>. Acesso em: 22 jan. 2021.

PILE, J.; GURA, J. **A History of Interior Design**. 4. ed. New Jersey: Wiley, 2013.

PINCHOT, G.; PELLMAN, R. **Intraempreendedorismo na prática**: um guia de inovação nos negócios. Rio de Janeiro: Elsevier, 2004.

PIRES, L. L. **Felicidade, emoção e hábito**: novas abordagens do design digital com foco no bem-estar subjetivo do usuário.121 f. Dissertação (Mestrado em Tecnologia da Inteligência e Design Digital) – Programa de Pós-Graduação em Tecnologias da Inteligência e Design Digital, Pontifícia Universidade Católica de São Paulo, São Paulo, 2017. Disponível em: <https://tede2.pucsp.br/handle/handle/20451#preview-link0>. Acesso em: 22 jan. 2021.

PIZZARRO, C. V.; ANDRADE NETO, M. L. de. A publicidade como elemento diferenciador da marca e do design de produtos: um estudo de caso na indústria automotiva. In: CONGRESSO DE CIÊNCIAS DA COMUNICAÇÃO NA REGIÃO SUDESTE, 18., Bauru, 2013. **Anais...** São Paulo: Intercom, 2013. p. 1-15. Disponível em: <https://portalintercom.org.br/anais/sudeste2013/resumos/R38-0636-1.pdf>. Acesso em: 22 jan. 2021.

PIZZATO, G. Z. de A. **Design e emoção na utilização do mobiliário urbano em espaços públicos**. 158 f. Tese (Doutorado em Engenharia) – Programa de Pós-Graduação em Engenharia de Produção, Universidade Federal do Rio Grande do Sul, Porto Alegre, 2013. Disponível em: <https://www.lume.ufrgs.br/bitstream/handle/10183/79811/000898567.pdf?sequence=1>. Acesso em: 22 jan. 2021.

RAVASI, D.; RINDOVA, V. Criação de valor Simbólico. **RIGS**, v. 2, n. 2, 2013. Disponível em: <https://portalseer.ufba.br/index.php/rigs/article/view/9869>. Acesso em: 22 jan. 2021.

RECH, S. R.; PERITO, R. Z. Sobre tendências de moda e sua difusão. **DAPesquisa**, Florianópolis, v. 4, n. 6, p. 637-643, 2009. Disponível em: <https://www.revistas.udesc.br/index.php/dapesquisa/article/view/14239/9312>. Acesso em: 22 jan. 2021.

RECUERO, R. **Redes sociais na internet**. Porto Alegre: Sulina, 2011.

REITZLE, M. The Connections Between Adulthood Transitions and the Self-Perception of Being Adult in the Changing Contexts of East and West Germany. **European Psychologist**, v. 11, n. 1, p. 25-38, 2006. Disponível em: <https://psycnet.apa.org/record/2006-03169-003>. Acesso em: 22 jan. 2021.

REZENDE, F. G. C. et al. Jogo eletrônico e sua influência nas emoções do usuário: uma análise sobre como os jogos podem estimular emoções relacionadas à aprendizagem. In: SIMPÓSIO BRASILEIRO DE INFORMÁTICA NA EDUCAÇÃO, 24., 2013, Campinas. **Anais...** Porto Alegre: Sociedade Brasileira de Computação, 2013. p. 265-274. Disponível em: <https://www.br-ie.org/pub/index.php/sbie/article/view/2504/2163>. Acesso em: 22 jan. 2021.

RIBEIRO, R. **Design, emoção e objetologia**: estudo contemporâneo sobre as relações de afeto entre o homem e os objetos – produtos. 76 f. Dissertação (Mestrado em Design) – Departamento de Design, Arte e Moda, Universidade Anhembi Morumbi, São Paulo, 2009. Disponível em: <https://ppgdesign.anhembi.br/wp-content/uploads/dissertacoes/31.pdf>. Acesso em: 22 jan. 2021.

RICHERS, R. Segmentação de mercado: uma visão de conjunto. In: RICHERS, R.; LIMA, C. P. (Org.). **Segmentação**: opções estratégicas para o mercado brasileiro. São Paulo: Nobel, 1991.

RICHINS, M. L.; DAWSON, S. A Consumer Values Orientation for Materialism and Its Measurement: Scale Development and Validation. **Jornal of Consumer Research**, v. 19, n. 3, p. 303-316, Dec. 1992. Disponível em: <https://academic.oup.com/jcr/article-abstract/19/3/303/1786697>. Acesso em: 22 jan. 2021.

ROCHA, A. da; SILVA, J. F. da. Consumo na base da pirâmide: um desafio empresarial – introdução. In: ROCHA, A. da; SILVA, J. F. da. (Org.). **Consumo na base da pirâmide**: estudos brasileiros. Rio de Janeiro: Mauad X, 2009. (Coleção Cultura e Consumo).

ROGERS, Y.; SHARP, H.; PREECE, J. **Design de interação**: além da interação homem-computador. Tradução de Isabela Gasparini. Porto Alegre: Bookman, 2005.

ROSA, M. **Psicologia evolutiva**: psicologia da idade adulta. Petrópolis. Vozes, 1994. v. 4.

ROZENFELD, H. et al. **Gestão de desenvolvimento de produtos**: uma referência para a melhoria do processo. São Paulo: Saraiva, 2006.

RUSSO, B.; HEKKERT, P. **Sobre amar um produto**: os princípios fundamentais. In: MONT'ALVÃO, C.; DAMAZIO, V. (Org.). **Design, ergonomia e emoção**. Rio de Janeiro: Mauad X, 2008. p. 31-48.

SALES, J. de L. **Da ideia ao produto final**: projetos de design. Campina Grande: EDUFCG, 2009. v. 100.

SANT'ANNA, M. R. **Teoria de moda**: sociedade, imagem e consumo. São Paulo: Estação das Letras e Cores, 2007.

SANTOS, A. M. dos. **Maduro sim, velho não!** O comportamento dos adultos maduros na Grande Porto Alegre. Monografia (Especialização em Marketing) – Programa de Pós-Graduação em Administração e Marketing, Universidade Federal do Rio Grande do Sul, Porto Alegre, 2007. Disponível em: <https://lume.ufrgs.br/bitstream/handle/10183/159086/000646531.pdf?sequence=1&isAllowed=y>. Acesso em: 22 jan. 2021.

SANTOS, R. M. Dúvida: uma doutrina de descoberta em design. **Pós-Revista do Programa de Pós-Graduação em Arquitetura e Urbanismo da FAUUSP**, v. 24, n. 42, p. 88-101, 2017. Disponível em: <https://www.revistas.usp.br/posfau/article/view/114724>. Acesso em: 22 jan. 2021.

SCHIFFMAN, L. G.; KANUK, L. L. **Comportamento do consumidor**. 6. ed. Rio de Janeiro: LTC, 2000.

SCOLARI, S. H. P. **Design e emoção**: um modelo de círculos de referências de emoções em produtos. 64 f. Dissertação (Mestrado em Design) – Faculdade de Arquitetura, Artes e Comunicação, Universidade Estadual Paulista, Bauru, 2008. Disponível em: <http://livros01.livrosgratis.com.br/cp083867.pdf>. Acesso em: 22 jan. 2021.

SHEA, A. **Designing for Social Change**: Strategies for Community-Based Graphic Design. New York: Princeton Architectural Press, 2012.

SILVA, M. C. P. C. da. **A representatividade dos conflitos emocionais e o cérebro**. 45 f. Monografia (Especialista em Neurociência Pedagógica). AVM Educacional, Niterói, 2019. Disponível em: <https://www.avm.edu.br/docpdf/monografias_publicadas/N209537.pdf>. Acesso em: 22 jan. 2021.

SILVA, M. M. da. **A expressão facial das emoções básicas em personagens de animação 3D**. 177 f. Dissertação (Mestrado em Design) – Pós-Graduação em Design, Universidade Federal de Santa Catarina, Florianópolis, 2016. Disponível em: <https://repositorio.ufsc.br/xmlui/handle/123456789/168650>. Acesso em: 22 jan. 2021.

SMIRNOV, A. A. Las emociones y los sentimientos. In: SMIRNOV, A. A.; LEONTIEV, A. N.; RUBINSHTEIN, S. L.; TIEPLOV, B. M. (Org.). **Psicologia**. México: Editorial Grijalbo, 1969. p. 355-381.

SHEDROFF, N. Research Methods for Designing Effective Experiences. In: LAUREL, Brenda (Ed.). **Design Research**: Methods and Perspectives. Cambridge: The MIT Press, 2003. p. 155-163.

SOLOMON, M. R. **O comportamento do consumidor**: comprando, possuindo e sendo. Tradução de Beth Honorato. 11. ed. Porto Alegre: Bookman, 2016.

SOUZA, A. J. S. de. Design como forma de inovação no Processo de Desenvolvimento de Produtos (PDP) e seus conceitos metodológicos. **DI Factum**, v. 1, n. 1, p. 69-73, set./dez. 2016. Disponível em: <http://unifatea.com.br/seer3/index.php/Difactum/article/view/23/19>. Acesso em: 22 jan. 2021.

SPOOL, J. M. Beyond the UX Tipping Point. **UIE**, 12 nov. 2014. Disponível em: <https://articles.uie.com/beyond_ux_tipping_point/>. Acesso em: 22 jan. 2021.

STAATS, A. W. **Behavior and Personality**: Psychological Behaviorism. New York: Springer Publishing Company, 1996.

STEIN, A. S. **A arte de vender sonhos**: como conquistar o cliente. São Paulo: Nobel, 2004.

STENBERG, R. J.; LUBART, T. I. The Concept of Creativity: Prospects and Paradigms. In: STERNBERG, R. J. **Handbook of Creativity**. Cambridge: Cambridge University Press, 1999. p. 3-15.

STUDART, N. Simulação, games e gamificação no ensino de física. In: SIMPÓSIO NACIONAL DE ENSINO DE FÍSICA, 21., 2015, Uberlândia. **Anais...** São Paulo: Sociedade Brasileira de Física, 2015. p. 1-17. Disponível em: <http://eventos.ufabc.edu.br/2ebef/wp-content/uploads/2015/10/Studart_XXI_SNEF_Final_NEW.pdf>. Acesso em: 22 jan. 2021.

TAN, L. A Review of Environmental Symbology: Origins and Contributions Toward a Theoretical Framework. **Journal of Interior Design**, v. 36, n. 2, p. 39-49, Jan. 2011. Disponível em: <https://www.researchgate.net/publication/264470427_A_Review_of_Environmental_Symbology_Origins_and_Contributions_Toward_a_Theoretical_Framework>. Acesso em: 22 jan. 2021.

TEECE, D. J. Business Models, Business Strategy and Innovation. **Long Range Planning**, v. 43, n. 2-3, p. 172-194, April/June 2010. Disponível em: <https://www.sciencedirect.com/science/article/abs/pii/S002463010900051X>. Acesso em: 22 jan. 2021.

TERRA, J. C. C. **Gestão do conhecimento**: o grande desafio empresarial. 3. ed. São Paulo: Negócio, 2001.

TONETTO, L. M.; COSTA, F. C. X. da. Design emocional: conceitos, abordagens e perspectivas de pesquisa. **Strategic Design Research Journal**, v. 4, n. 3, p. 132-140, set./dez. 2011. Disponível em: <http://revistas.unisinos.br/index.php/sdrj/article/view/4492>. Acesso em: 22 jan. 2021.

TRINCA, T. P. Moda e indústria cultural: uma relação concisa. **Revista de Iniciação Científica da FFC**, v. 4, n. 3, p. 48-58, 2004. Disponível em: <https://revistas.marilia.unesp.br/index.php/ric/article/view/99>. Acesso em: 22 jan. 2021.

TROIANO, J. **As marcas no divã**: uma análise de consumidores e criação de valor. São Paulo: Globo. 2009.

TULLIS, T.; ALBERT, B. **Measuring the User Experience**: Collecting, Analyzing, and Presenting Usability Metrics. San Francisco: Morgan Kaufmann, 2008.

UNGER, R; CHANDLER, C. **O guia para projetar UX**: a experiência do usuário (UX) para projetistas de conteúdo digital, aplicações e websites. Rio de Janeiro: Alta Books, 2009.

WANG, P. Z.; WALLER, D. S. Measuring Consumer Vanity: A Cross-Cultural Validation. **Psychology & Marketing**, v. 23, n. 8, p. 665-687, June 2006. Disponível em: <https://onlinelibrary.wiley.com/doi/abs/10.1002/mar.20123>. Acesso em: 22 jan. 2021.

WEINER, R. S.de B. **A criatividade no ensino do design**. 90 f. Dissertação (Mestrado em Design Gráfico e Projectos Editoriais) – Faculdade de Belas Artes, Universidade do Porto, Porto, 2010. Disponível em: <https://repositorio-aberto.up.pt/bitstream/10216/67408/2/23828.pdf>. Acesso em: 22 jan. 2021.

WEINSTEIN, A. **Segmentação de mercado**. Tradução de Celso A. Rimoli. São Paulo: Atlas, 1995.

WOLF, B. **O design management como fator de sucesso comercial**. Florianópolis: Fiesc/IEL, Abipiti, Programa Catarinense de Design, Sebrae, CNPq, 1998.

XAVIER, R. A. C. **Uma abordagem híbrida para a avaliação da experiência emocional de usuários**. 161 f. Dissertação (Mestrado em Ciência da Computação) – Programa de Pós-Graduação em Ciência da Computação, Universidade de São Carlos, São Carlos, 2013. Disponível em: <https://repositorio.ufscar.br/bitstream/handle/ufscar/540/5429.pdf?sequence=1&isAllowed=y>. Acesso em: 22 jan. 2021.

ZALTMAN, G. **Afinal, o que os clientes querem?** O que os consumidores não contam e os concorrentes não sabem. Tradução de Afonso Celso da Cunha Serra. Rio de Janeiro: Elsevier, 2003.

ZAVIALOFF, N. Introduction. In: VYGOTSKI, L. **Théorie des émotions**: etude historico-psychologique. Traduit du russe par Nicolas Zavialoff et Christian Saunier. Paris: L'Harmattan, 1998. p. 5-83.

ZEVI, B. **Saber ver a arquitetura**. Tradução de Maria Isabel Gaspar e Gaëtan Martins de Oliveira. São Paulo: Martins Fontes, 1978.

ZYMAN, S. **O fim do marketing como nós conhecemos**. Rio de Janeiro: Campus, 1999.

SOBRE A AUTORA

Joseanne de Lima Sales é graduada em Desenho Industrial pela Universidade Federal de Campina Grande (UFCG) e mestre e doutora em Engenharia de Materiais também pela UFCG. Como designer gráfico, descobriu o prazer pela criação e pela satisfação do cliente, também vivenciando as emoções por meio de suas criações. Iniciou na docência como professora de Artes para jovens e adultos (EJA) ainda na graduação, o que a impulsionou a buscar mais qualificação. Tornou-se docente dos cursos de Design de Interiores, Design de Moda e Design Gráfico e dos cursos de Engenharia Mecânica, Engenharia de Produção, Engenharia Elétrica, Engenharia de Automação e Engenharia Civil do Centro Universitário UniFavip/Wyden de Caruaru. Na UFCG, foi professora substituta dos cursos de Design e de Engenharia do Departamento de Engenharia da Produção e Área de Expressão Gráfica. Atualmente, também é docente do curso de Design de Interiores da Faculdade Rebouças de Campina Grande (FRCG).

Os papéis utilizados neste livro, certificados por instituições ambientais competentes, são recicláveis, provenientes de fontes renováveis e, portanto, um meio **responsável** e natural de informação e conhecimento.

```
FSC
www.fsc.org
MISTO
Papel produzido
a partir de
fontes responsáveis
FSC® C103535
```

✱

Os livros direcionados ao campo do Design são diagramados com famílias tipográficas históricas. Neste volume foram utilizadas a **Baskerville** – desenhada pelo inglês John Baskerville em 1753, que inovou trazendo floreios da caligrafia para a tipografia – e a **Futura** – lançada pelo alemão Paul Renner em 1927 em harmonia com os ideais da Bauhaus.

Impressão: Reproset
Julho/2021